POESÍA

José

GARCÍA NIETO

POESÍA

Selección, introducción, cronología y bibliografía
a cargo de Joaquín Benito de Lucas

FUNDACION
CENTRAL HISPANO

R 020 K 58444

ISBN: 84-920722-2-9
Depósito legal: M. 867-1996

Imprime:
Gráficas Jomagar, S. L.
Móstoles (Madrid)

Introducción

Una de las primeras preguntas que se hará el lector de poesía en general, y de la de José García Nieto en particular, es por qué hasta hoy no se había publicado una antología de la obra de este poeta. Bien es verdad que en 1951 la Editorial Afrodisio Aguado dio a la luz en su diminuta —por el tamaño— colección "Más Allá", dos tomitos en los que se recogían los ocho primeros libros por él publicados. También, en 1970, la colección Arbolé, dirigida por el poeta Luis López Anglada, publicó el volumen 8 con el título *Los tres poemas mayores* donde se reunían *El parque pequeño, Elegía en Covaleda* y *La hora undécima,* los dos primeros publicados conjuntamente en una edición de 1959 por la editorial Punta Europa, y el tercero, en 1963, en la colección "Palabra y Tiempo", dirigida también por Luis López Anglada. Además, en 1973, apareció la edición completa de *Toledo* que acogía los libros *Toledo* (1945), *Corpus Christi y seis sonetos* (1962) y *Facultad de volver* (1970) más otros poemas de *La red* (1955) y *Geografía es amor* (1961) cuyos motivos eran también toledanos. E, incluso, en 1982, Espasa-Calpe, en la colección Austral, editó un volumen extra conteniendo *Tregua* (1951), *La red* (1955) y *Geografía es amor* (1961).

Y, sin embargo, hasta hoy no existía una antología lo suficientemente amplia y representativa en la que se ofrecieran ejemplos que diesen una idea lo más aproximada posible de la obra de nuestro autor, compuesta por treinta libros.

En el caso de José García Nieto, quizá más que en el de otros poetas de su promoción, el conocimiento de algunos de sus libros no presupone el conocimiento de los contenidos que se encierran en los demás, no sólo por el tema, sino, también, por los procedimientos métricos empleados. O, dicho de otro modo, su obra, aunque obedece a una unitaria visión de la realidad, está sustentada en una serie de preocupaciones fundamentales que pueden manifestarse de distintos modos según como sean tratadas. Por ello se hacía necesaria, ya hace tiempo, la publicación de una antología de toda su producción poética.

Pero junto al valor intrínseco de su obra, al hablar de José García Nieto conviene tener en cuenta su importancia fundamental en el desarrollo de la poesía española durante los años inmediatamente posteriores a la guerra civil. Son los años de la publicación de sus primeros libros, los años del nacimiento del grupo de poetas denominado "juventud creadora", los años de la revista *Garcilaso*. Muy joven aún, García Nieto inicia la aventura poética junto a otros jóvenes con iguales inquietudes —Pedro de Lorenzo, Jesús Juan Garcés, Jesús Revuelta, los hermanos Prado Nogueira y Camilo José Cela entre otros— enarbolando la bandera del "neogarcilasismo". Del mismo modo que la generación del 27 tomó a Góngora como modelo —aunque sólo fuera en el año del tercer centenario de su muerte— y los poetas de la generación de 1936 reivindicaron la poesía de Fernando de Herrera, un nutrido grupo de poetas de la promoción que surgió inmediatamente después de la contienda nacional encabezados por José García Nieto tomó a Garcilaso de la Vega como guía y modelo. Este hecho, que puede considerarse como la manera de irrumpir esos jóvenes en la vida literaria, tuvo además consecuencias notables en el desarrollo posterior de la poesía de la época. Gracias a ese impulso "garcilasista", la poesía, que vivía en duermevela tras tres años de guerra, comenzó a despertar en 1940, fecha de la publicación de *Víspera hacia ti*, para resucitar plenamente a partir de mayo de 1943, fecha de la aparición del primer número de la revista *Garcilaso*. Glosando a don Antonio Machado en su "Retrato" cuando dice que cortó "las viejas rosas del huerto de Ronsard", José García Nieto fue el jardinero que cortó también las viejas rosas, pero éstas del jardín de Garcilaso, para hacer con ellas una corona que sirvió como ejemplo en esos momentos en los que la lírica crecía escasa y pobre en nuestro país.

A partir de esa fecha surgen nuevas revistas de poesía —*Espadaña* (1944), *Proel* (1944), *Entregas de Poesía* (1944), *Halcón* (1945), *Verbo* (1946), *Cántico* (1947)...— que con distintas estéticas y diferente orientación, pero estimuladas

por el ejemplo de *Garcilaso,* van a enriquecer la poesía de esos años siguiendo caminos distintos —y alguna contrarios— a los seguidos por *Garcilaso.*

La poesía de esa primera época de José García Nieto, que recoge el espíritu que él mismo llevó a *Garcilaso,* está trasida de un sentimiento de serenidad y
equilibrio. El poeta, con una visión de la realidad clara y armoniosa, enmarcada
dentro de una paisaje de amable belleza, canta con esperanzado optimismo un
nuevo renacer del verso. Y para ello utiliza un lenguaje claro, equilibrado y convincente, y unas formas métricas heredadas de la tradición renacentista.

En lo que respecta a las formas métricas clásicas, cuánta razón tenía Juan
Ramón Jiménez al escribirle, acusando recibo del envío de *Sonetos por mi hija,* en
estos términos:

> "Muchas gracias, mi querido amigo, por haberme enviado sus
> *Sonetos por mi hija* (los publicaré en la revista "Universidad", para que se
> lean en Puerto Rico). ¡Qué hermosos son! A veces me pregunto ¿en qué
> nos aventajan los llamados clásicos a nosotros?, ¿En qué bellezas han ido
> más cerca de la belleza esos clásicos? Sonetos como estos suyos, el se-
> gundo, el cuarto, todos ¿no son como los de Garcilaso, Lope, Góngora,
> Quevedo, Calderón, o mejores, más enteramente mejores...?"[1]

En efecto, basta acercarse a cualquiera de los muchos sonetos que forman la obra de nuestro autor en libros como *Corpus Christi y seis sonetos, La red,
Sonetos y revelaciones de Madrid* o *Piedra y cielo de Roma,* por poner sólo cuatro
ejemplos, para convencerse de que el juicio de Juan Ramón Jiménez no tiene nada de falso elogio ni de infundada valoración...

Pongamos un ejemplo del primero de los libros citados:

Cuantas veces, orillas de otros ríos,
aguas como estas aguas, lentamente
han dejado vagar por su corriente
los claros sueños de los ojos míos...

(1) Juan Ramón Jiménez, *Cartas literarias,* Barcelona, Bruguera, 1977, pág. 274.

Por otoños e inviernos, por estíos,
por primaveras, con la vida enfrente,
alzaba hacia la luz, calladamente,
las ramas de mis árboles sombríos.

Siempre hay un agua lenta, acompasada,
que acerca con la curva de su espada
una esperanza en que el amor se esconde.

Así tú vuelves hoy, oh espada rota,
la delgadez de mi niñez remota
y un cielo que he perdido no sé dónde[2].

Pero José García Nieto no es sólo un sonetista comparable —según Juan Ramón— a cualquiera de los mejores poetas del Renacimiento y Barroco, sino que también es un poeta de gran aliento cuando expone en sus poemas extensos —tan extensos que algunos constituyen todo un libro— sus preocupaciones religiosas, su angustia ante la muerte o sus reflexiones sobre el paso demoledor del Tiempo.

Rosario Hiriart[3] nos lo muestra como un ser contemplativo de una realidad —la de él— variada y compleja; como un poeta que lo mismo poetiza aspectos amorosos de su vida sentimental con una técnica impecable, que medita sobre la angustia existencial del hombre y su "estar" en el mundo. Por lo tanto, su amplia obra está concebida a través de una variada contemplación de la realidad múltiple, que el poeta reconoce y ordena con procedimientos también muy variados.

Se da una evolución, pues, a lo largo de toda la obra en la que sus principios garcilasistas, se ven enriquecidos en unos casos, y superados en otros, por nuevos asuntos y variados procedimientos métricos. En esa evolu-

<hr>

(2) "Hombre junto al Tajo", *Corpus Christi y seis sonetos*, Toledo, 1962, pág. 15.
(3) *La mirada poética de José García Nieto*, Barcelona, Icaria, 1990.

ción, el propio poeta es consciente de cómo se han liberado del "dolorido sentir":

> Ahora quito las cintas de las cartas.
> Leed; leamos. Son amor vencido.
> Tiempo del corazón. Males del hombre.
> Golpes de España...
> Quemo lo que es mío.
> Yo, solo, me he quitado "el dolorido
> sentir"[4].

Pero, ¿cuáles son los temas de la poesía de José García Nieto? Si resulta difícil determinar cuáles sean los temas fundamentales de cualquier poeta, en el caso de García Nieto esta dificultad parece agrandarse. Se podría convenir que todo sujeto poético, al realizar su obra, se mueve impulsado por los asuntos fundamentales que desde siempre han sido motivo de preocupación para el hombre: Dios, Tiempo, Muerte, Amor. Si consideramos que estos cuatro temas son comunes a la mayor parte de nuestra historia literaria, podríamos llegar errónea-amente a la conclusión que toda la poesía española es un calco de sí misma. Y, sin embargo, como todos sabemos, no ocurre así. Cada sujeto poético se enfrenta al mundo y lo interpreta desde una perspectiva diferente: la que le ofrece su visión de la realidad. Y, a través de esa visión, de esa mirada contemplativa da una interpretación individualizada de cada tema. En el caso de nuestro poeta podemos percibir unos núcleos generadores de su obra, unas "preocupaciones fundamentales" que, aunque en algún aspecto coincidan con las de otros poetas de épocas anteriores o de la actual, ofrecen en García Nieto un marcado sello personal, no sólo en su interpretación y planteamiento poéticos, sino también en sus resultados.

Así lo comprobamos tanto si poetiza sobre el amor como si reflexiona so-bre el tiempo, medita sobre la idea de Dios o discurre acerca de nuestra geogra-

---

(4) "1936-1939", *Memorias y compromisos*, Madrid, Editora Nacional, 1966, pág. 110.

fía. Amor, Tiempo, Dios y España son, pues, cuatro elementos que constituyen lo esencial de su producción lírica.

* * *

Si todo lo que hasta aquí se ha dicho brevemente con el propósito de comprender mejor la poesía de José García Nieto no fuera equivocado, podríamos convenir que estamos ante un lírico que ha arriesgado su palabra para "decir" aquello que el hombre moderno necesita "escuchar". "Los poetas son los heraldos de la paz y su voz se apaga con infinita tristeza cuando la paz no florece y grana en próvidos racimos"[5] dijo Camilo José Cela hablando de nuestros poeta. José García Nieto nos ha dejado en el mensaje de su obra la paz, la suya y la nuestra, recuperada tras su bajada a lo más profundo del ser del hombre. El lector será el mejor testigo de que la paz no es sólo una paloma que zurea en torno nuestro, sino también un águila que nos habita el corazón. Sólo el poeta, en este caso José García Nieto, es el que puede, de igual modo, mimar la paloma y domeñar el águila.

Joaquín Benito de Lucas

---

(5) *Nuevo elogio de la lengua española,* Madrid, Real Academia Española, 1983, pág. 56.

SOBRE ESTA EDICIÓN

C on la presente antología poética de José García Nieto tratamos de ofrecer una visión lo más completa y variada posible de su obra lírica. Se han seleccionado poemas de sus treinta libros siguiendo un doble criterio: por un lado, dar muestras de todos ellos, incluso de *Retablo del ángel, el hombre y la pastora* que, aunque en rigor no es un libro de poemas, está escrito en verso; por otro, ofrecer ejemplos de cada uno de los libros de un modo proporcional a su extensión, seleccionando los poemas más representativos.

En lo que respecta a los libros que están concebidos como un solo poema de carácter unitario, aunque dividido en partes —*El parque pequeño, Elegía en Covaleda, Súplicas por la paz del mundo y Galiana*— hemos seleccionado una o más de ellas eligiendo las que, según nuestra opinión, conservan un mayor sentido unitario o ayudan a comprender mejor la totalidad del poema. También, algunos de los poemarios, debido a su brevedad, se han incorporado completos a la Antología; tal es el caso de *Versos de un huésped de Luisa Esteban, Sonetos por mi hija*, así como el poema "Corpus en Toledo" del libro *Corpus Christi y seis sonetos*. Lo mismo hemos hecho con *Nuevo elogio de la lengua española* por considerar esta obra fundamental en su bibliografía.

Finalmente, el soneto con que se cierra la Antología corresponde al último poema publicado por José García Nieto en el libro *Madrid: Historia. Arte. Vida.*, editado por El Consultor de los Ayuntamientos y de los Juzgados (Madrid, 1991, pág. 19) con motivo de la designación de Madrid como Capital Europea de la Cultura para 1992.

Datos para una cronología de José García Nieto

1914   José García Nieto nace en Oviedo el 6 de julio, en el nº 8 de la calle Portugalete (hoy Malquiades Álvarez). Sus padres son don José García Lueso y doña María de la Encarnación Nieto Fernández. El padre, que tenía estudios de Derecho, se dedicó al periodismo. La madre era maestra.

1916   La familia se traslada a Covaleda (Soria), donde el padre desempeña el cargo de secretario de Ayuntamiento.

1920   Muere su padre. Con su madre va a vivir a Zaragoza en la casa de un hermano de doña María, que era militar. Estudia las primeras letras en el colegio de los Escolapios.

1922   Al ser trasladado su tío a África, doña María y José van a vivir a Toledo con el abuelo materno, que es ciego, y otra hija de éste. La circunstancia de la ceguera la evoca en el poema "El Lazarillo" de *Memorias y compromisos*. Referencias de su vida en Toledo aparecen en numerosas obras suyas y, particularmente, en *Toledo, Corpus Christi y seis soneto*, y *Facultad de volver*. Viven junto a la plaza de Zocodover, en la calle Santa Fe, nº 14. En Toledo permanecen hasta 1928. En esa ciudad vive José de los 8 a los 14 años. Lee a Alfonso Camín, Campoamor, Gabriel y Galán y otros autores, cuyas obras se encontraban en la biblioteca de su padre. Por esta época hace sus primeros versos.

1929   Su tía se traslada a Madrid. Con ella van el joven José y su madre. Se instalan en la calle Ponzano, nº 32. Estudia bachillerato en el Instituto de Enseñanza Media "Cardenal Cisneros".

1931   Obtiene el título de Bachiller Superior en Ciencias.

1933-34 Lee constantemente. Frecuenta la Biblioteca del Museo Pedagógico en la calle de San Bernardo. Se matricula en la Universidad para estudiar Ciencias Exactas. Prepara unas oposiciones para el Ministerio de Hacienda, a las que finalmente no se presenta. Sin embargo, se presenta a otras de Ayuntamiento y obtiene plaza. Es destinado al de Chamartín de la Rosa.

1935   En sus frecuentes visitas a las bibliotecas "descubre" la *Antología* de Gerardo Diego. A partir de ese momento comienza una nueva forma de escritura.

1936-39 Sigue trabajando en el Ayuntamiento de Chamartín de la Rosa. En una ocasión, estando de guardia, es detenido. Tras varios días preso, es puesto en libertad sin cargos, pero queda cesante en su trabajo. Es movilizado. Se incorpora al Batallón del Ministerio de la Guerra. Por entonces conoce a Carlos y a José Luis Prado Nogueira, a Jesús Juan Garcés, a Jesús Revuelta... Se reunían en casa de los hermanos Prado y en la de Garcés a hablar de literatura y a leer versos. Pone prólogo al primer libro de Carlos Prado Nogueira titulado *Canción sentimental.* El Batallón al que está destinado es trasladado a Valencia. En la capital del Turia vive varios meses. Regresa a Madrid. Vuelve a ser detenido junto a José Luis Prado. Permanece siete meses encarcelado. Estas experiencias las cuenta en el libro *Memorias y compromisos.* Sometido a juicio es absuelto.

1940   Se le restituye en su puesto como funcionario de Ayuntamiento. En febrero publica su primer libro, *Víspera hacia ti.* El poeta tiene veinticinco años.

1943   El 13 de mayo aparece el primer número de la revista *Garcilaso,* de la que fue fundador y director. La redacción estaba en la calle Fernando VII. Acude a la tertulia del Café Comercial en la Glorieta de Bilbao. Conoce a R. Sánchez Mazas, a P. Mourlane Michelena, a José María Alfaro. Conoce a Camilo José Cela. Frecuenta el café Gijón.

1944   Publica *Poesía, Versos de un huésped de Luisa Esteban* y *Tú y yo sobre la tierra.* En agosto viaja con Camilo José Cela y el hispanista Charles David

Ley a Las Navas del Marqués, donde pasan unos días. Ello da origen a los *Versos de un huésped de Luisa Esteban.*

1945 Publica *Retablo del ángel, el hombre y la pastora, y Toledo. El Retablo...* fue estrenado el 29 de noviembre en el teatro Español de Madrid por la compañía del Teatro Español Universitario dirigida por Modesto Higuera.

1946 Se publica *Del campo y soledad.* Se deja de publicar la revista *Garcilaso,* cuyo último número doble (35-36) corresponde a los meses marzo-abril.

1947 En enero sale el primer número de la revista *Acanto.* Era el suplemento de *Cuadernos de Literatura,* publicados por el C.S.I.C. A petición de Joaquín de Entrambasaguas, José García Nieto es nombrado director.

1948 Sale el último número (doble) de *Acanto,* correspondiente a los meses marzo-junio, más un índice adicional conteniendo los índices de autores y materias de todos los números publicados.

1950 Obtiene el Premio Adonais el libro titulado *Dama de soledad,* del que es autora Juana García Noreña. Se sospecha, no obstante, que su autor, según las iniciales del nombre y apellidos de la ganadora, es José García Nieto.

1951 El 15 de octubre contrae matrimonio con María Teresa Sahelices Martín en la iglesia parroquial de San Marcos de Madrid. Celebra la ceremonia el Padre Félix García. Entre los testigos, por parte de la novia, figura Camilo José Cela; por parte del novio, Gerardo Diego. Se le concede el Premio Nacional de Literatura "Garcilaso" por su libro *Tregua.* Es nombrado Secretario General de la revista *Mundo Hispánico* del Instituto de Cultura Hispánica. Después pasó a ser subdirector y, más tarde, director. Se publica *Tregua* y *Juego de los doce espejos.* En este mismo año la editorial Afrodisio Aguado da a la luz en dos tomos *(Primer libro de poemas, Segundo libro de poemas),* todos sus libros publicados hasta ese año excepto *Tregua.* El 21 de diciembre, un grupo de escritores y poetas, pintores y artistas le rinde un homenaje en el Café Gijón.

1952 El 12 de agosto nace María Teresa, su primera hija. Publica, en edición no venal, *Sonetos por mi hija.* En enero aparece el primer número de *Poesía Española* de la que García Nieto es director.

1953   El 3 de septiembre nace su hija Paloma.

1954   El 23 de febrero le escribe Juan Ramón Jiménez desde Puerto Rico acusando recibo de *Sonetos por mi hija* de un modo elogioso. En la misma carta le propone la publicación del poema "Espacio" en *Poesía Española*. Consigue el Premio "Tomás Morales" de Canarias, por su "Canto a Hispanoamérica desde el mar de Canarias". Obtiene el Primer Premio en el Certamen Hispanoamericano de La Coruña por su poema "Galicia bajo la lluvia" (Canto por Rosalía) recogido más tarde en *Geografía es amor*.

1955   El 28 de febrero nace su hijo José María. Obtiene el premio "Fastenrath" de la Real Academia Española por *Geografía es amor*. Se publica *La red*.

1957   Obtiene el Premio Nacional de Literatura por su libro *Geografía es amor*. En febrero sale el número 62 de *Poesía Española*. En octubre comienza la segunda época de la revista con el número 63.

1959   Publica *Parque pequeño* y *Elegía en Covaleda*.

1961   Publica *Geografía es amor*. La Fundación J. March le concede una Pensión de Literatura para escribir *La hora undécima*.

1962   Publica *Corpus Christi y seis sonetos*.

1963   Publica *Memorias y compromisos*. Se le concede el Premio Internacional de Poesía "Portugal" por el conjunto de su obra. Se estrena en el Teatro Español su adaptación de *El lindo de don Diego* de A. Moreto.

1967   Se le concede el Premio de Poesía Castellana "Ciudad de Barcelona" por su libro *Hablando solo*.

1968   Se publica *Hablando solo*. Obtiene el Premio Meliá de Periodismo.

1969   El 9 de marzo es nombrado Académico Correspondiente de la Real Academia de Bellas Artes y Ciencias Históricas de Toledo.

1970   Se publican *Los tres poemas mayores*, libro compuesto por *El parque pequeño*, *Elegía en Covaleda* y *la hora undécima*. Publica *Facultad de volver*.

1972   Obtiene el premio "Hucha de Oro" por su cuento "Teo y el autocar de las ocho quince".

1973   Se publica *Taller de arte menor y cincuenta sonetos*, y *Toledo*. Edición completa. Obtiene el Premio de Poesía "Juan Boscán", que concede el Instituto Catalán de Cultura Hispánica de Barcelona, por su libro *Súplicas por la paz del mundo y otros "collages"*.

1976   Se le concede el premio "Francisco de Quevedo" del Ayuntamiento de Madrid por su libro *Sonetos y revelaciones de Madrid*. En este mismo año se publica el libro.

1977   Se publica *Súplicas por la paz del mundo y otros "collages"*. Obtiene el Premio "Alcarabán" de Poesía con el poema "Visión de Rilke sobre el Tajo", poema en tercetos publicado en la *Estafeta Literaria*, n° 266, 15 de octubre de 1977, pág. 17.

1978   Obtiene el Premio "Ángaro" de Poesía (Sevilla) por su libro *Los cristales fingidos*. En este año se publica el libro. Se jubila como archivero del Ayuntamiento de Madrid. Se le rinde un homenaje en Madrid, cuya convocatoria firman más de treinta escritores y al que asisten más de doscientas personas. El ofrecimiento corrió a cargo de José Hierro.

1979   Se le concede el Premio Internacional de Poesía Religiosa "San Lesmes Abad" (Burgos) por su libro *El arrabal*.

1980   Se publica *El arrabal*.

1982   Es elegido académico de la Real Academia Española el 28 de enero. Ocupa el sillón "i" que dejó vacante José María Pemán. Se publica en la colección Austral un volumen que contiene *Tregua, La red* y *Geografía es amor*.

1983   El 13 de marzo lee su discurso de ingreso en la Real Academia Española: *Nuevo elogio de la lengua española*. Le contesta Camilo José Cela. Se publica el discurso de ingreso.

1985   El 13 de junio muere su madre, doña María de la Encarnación.

1986   Obtiene el premio de periodismo "Mariano de Cavia". Se le concede el Premio de Poesía "Ibn Zaytun" del Instituto Hispano-Árabe de Cultura por su libro *Galiana*. Se publica el libro.

1987   Se le concede el Premio de Periodismo "César González Ruano". Obtiene, también, el Premio "Atlántida" concedido por el Gremio de Editores de Cataluña.

1988   Obtiene el VI Premio Mundial "Fernando Rielo" de Poesía Mística con su libro *Carta a la madre*. Se publica el libro.

(20)

1989 Publica *Mar viviente,* edición no venal en pliegos de amplio formato, compuesta de 24 sonetos.

1990 Una enfermedad le obliga a dejar su cargo de Secretario de la Real Academia Española.

1991 Publica el poema inédito "Soneto a Madrid" en el libro *Madrid: Historia. Arte. Vida.,* editado por el Consultor de los Ayuntamientos y de los Juzgados (pág. 19), con motivo de la designación de Madrid como Capital de la Cultura para 1992.

1992 El 17 de junio el Aula Literaria "Gerardo Diego", de la Concejalía de Educación y Cultura de el Excmo. Ayuntamiento de Pozuelo de Alarcón, le rinde un homenaje. Se publica el libro *Homenaje a José García Nieto* (Madrid. Ed. del Ayuntamiento de Pozuelo de Alarcón), donde se recogen veinticinco colaboraciones de otros tantos autores que participaron en el homenaje.

1993 El Alcalde del Excelentísimo Ayuntamiento de la capital de España le concede la Medalla de Oro de la Villa de Madrid.

BIBLIOGRAFÍA

LIBROS DE POESÍA DE JOSÉ GARCÍA NIETO

Víspera hacia ti. Madrid. Gráfica Administrativa, 1940.

Poesía. Retrato del autor por Rafael Pena. Madrid. Ediciones de la Revista *Garcilaso*, 1944.

Versos de un huésped de Luisa Esteban. Madrid. Ediciones de la Revista *Garcilaso*, 1944.

Tú y yo sobre la tierra. Barcelona. "Entregas de Poesía". Núm. 10, octubre de 1994.

Retablo del ángel, el hombre y la pastora. Madrid. Ediciones de la Revista *Garcilaso* (Escenario de J. G. Ubierta. Ilustraciones de Rafael Pena. Viñeta de Liébana), 1945.

Toledo. Madrid. Ediciones de la Revista *Fantasía.* Núm. 3, 1945.

Del campo y soledad. Madrid. Ediciones Rialp, 1946 (Colección Adonais. Núm. XXV). Comprende también *Versos de un huésped de Luisa Esteban, págs.* 55-71.

Juego de los doce espejos. Santander. Colección Hordino, 1951.

Primer libro de poemas. Madrid. Afrodisio Aguado, 1951 (Colección "Más Allás". Núm. 98), 1951. Comprende *Víspera hacia ti* y *Poesía.*

Segundo libro de poemas. Madrid. Afrodisio Aguado. 1951 (Colección "Más Allá". Núm. 98), 1951. Comprende *Tú y yo sobre la tierra; Retablo del ángel, el hombre y la pastora; Toledo; Juego de los doce espejos; Del campo y soledad* y *Versos de un huésped de Luisa Esteban.*

Tregua (Premio Nacional de Literatura "Garcilaso" 1951). Viñeta de Estruga. Madrid. Tipográficas Martínez Chumillas, 1951.

Sonetos por mi hija. Viñeta de Molina Sánchez. Madrid. Edición no venal, 1953.

La red (Premio "Fastenrath" de la Real Academia Española 1955). Madrid. Editorial Ágora, 1955. Segunda edición: 1956.

El parque pequeño y *Elegía en Covaleda*. Madrid. Cuaderno IV de Poesía. Ediciones *Punta Europa*, 1959.

Geografía es amor (Premio Nacional de Literatura 1957). Madrid. Gráficas Oscar (Colección "Palabra y Tiempo". Vol. I). Nueva edición aumentada. Madrid. Editorial Kaliope, 1969.

Corpus Christi y seis sonetos. Toledo. Impr. Gómez Menor, 1962 (Biblioteca Toledo. Vol. 8).

Circunstancia de la muerte. Sevilla. "La Muestra", 1963 (Entregas de poesía. Núm. 5).

La hora undécima. Madrid. Gráficas Oscar, 1963. (Colección "Palabra y Tiempo". Núm. XIV.)

Memorias y compromisos. Madrid. Editora Nacional, 1966. (Colección "Poesía").

Hablando solo (Premio de Poesía Castellana "Ciudad de Barcelona" 1967). Madrid. Ediciones Cultura Hispánica, 1968. Segunda edición aumentada, 1971 (Colección "La encina y el mar". Núm. 41).

Los tres poemas mayores. Madrid. Editorial Oriens, 1970 (Colección "Arbolé". Núm. 8). Comprende *El parque pequeño, Elegía en Covaleda* y *La hora undécima*.

Facultad de volver (en Toledo). Madrid-Palma de Mallorca, 1970 *(Papeles de Son Armadans*. Núm. CLXXV).

Taller de arte menor y cincuenta sonetos. Madrid. Editorial Doncel, 1973 (Colección "Libro Joven de Bolsillo").

Toledo. Edición completa. Ilustraciones de César Olmos. Madrid. Editorial Teype, 1973 (Colección "La Selva que navega". Núm. 1). Contiene los libros *Toledo, Corpus Christi y seis sonetos, Facultad de volver*, poemas relacionados con Toledo de *La red* y *Geografía es amor*, más "otros poemas" de tema toledano.

Sonetos y revelaciones de Madrid (Premio "Francisco de Quevedo" del Ayuntamiento de Madrid 1974). Madrid. Edición del Ayuntamiento de Madrid, 1976.

Súplica por la paz del mundo y otros "collages" (Premio "Boscán" del Instituto de Cultura Hispánica 1973). Barcelona. Instituto Catalán de Cultura Hispánica, 1977.

Los cristales fingidos (Premio "Ángaro" de Poesía). Sevilla. Editorial Católica Española, 1978 (Colección de Poesía "Ángaro". Año X. Núm. 63).

El arrabal (Premio Internacional de Poesía Religiosa "San Lesmes Abad" 1979). Burgos. Monte Carmelo, 1980.

Tregua. La red. Geografía es amor. Madrid. Espasa-Calpe, 1982 (Colección Austral. Núm. 1634).

Nuevo elogio de la lengua española. Madrid. Real Academia Española. Ibergráficas, 1983. (Discurso recepción del Excmo. Sr. D. José García Nieto, y contestación del Excmo. Sr. D. Camilo José Cela, el día 13 de marzo de 1983.)

Sonetos españoles a Bolívar. Liminar de B.V.E. Prólogo por Mario Briceño Peroso. Caracas. Editorial Arte, 1983 ("Biblioteca Venezolana Ediviagro". Núm. 3).

Nuevo elogio de la lengua española. Piedra y cielo de Roma. Introducción de Camilo José Cela. Madrid. Espasa-Calpe, 1984 (Selecciones Austral. Núm. 123).

Galiana (Premio de Poesía "Ibn Zaydun"). Palabra previa de Jesús Riosalido. Madrid. Instituto Hispano-Árabe de Cultura, 1986 (Colección de Poesía "Ibn Zaydun". Núm. 8).

Carta a la madre (IV Premio Mundial "Fernando Rielo" de Poesía Mística). Preliminar de Pere Gimferrer. Epílogo de Pureza Canelo. Madrid. Ediciones Caballo Griego para la Poesía. 1988. (Colección "Pentesilea". Núm. 10).

Mar viviente. Edición no venal. Madrid. Editorial Naval, 1989.

BIBLIOGRAFÍA SELECTA SOBRE JOSÉ GARCÍA NIETO

A) General

AA.VV: *Homenaje a José García Nieto.* Madrid. Excmo. Ayuntamiento de Pozuelo de Alarcón, 1992.

BENITO DE LUCAS, JOAQUÍN: "Cuatro voces distintas: José García Nieto", en *Literatura de la posguerra: La poesía.* Madrid. Cincel, 1981, págs. 35-37.

GARCÍA DE LA CONCHA, VÍCTOR: "Neoclasicistas, neobarrocos, neoro-mánticos. García Nieto: El mundo está bien hecho", en *La poesía española de 1935 a 1975. I. de la preguerra a los años oscuros, 1935-1944.* Madrid. Cátedra. 1987, págs. 393-402.

HIRIART, ROSARIO: *La mirada poética de José García Nieto.* Barcelona. Icaria Editorial, 1990.

JIMÉNEZ MARTOS: Luis. "García Nieto: Desde la retórica a la desnudez", en *Informe sobre poesía española. Siglo XX.* Barcelona. Magisterio español... 1976, págs. 55-59 (Colección Biblioteca Cultural RTV. Núm. 77).

LANERO LANERO, LUIS. *La poesía de José García Nieto.* (Resumen de tesis doctoral). Salamanca. Publicaciones de la Universidad. 1983.

MANTERO, MANUEL: "La busca de Dios: José García Nieto" en *"Poetas españoles de posguerra".* Madrid. Espasa-Calpe, 1986, págs. 490-524.

PALOMO, Mª DEL PILAR: "Clasicismo formalista y algo más", en *La poesía del siglo XX (desde 1939).* Madrid. Taurus, 1988, págs. 79-82.

B) Sobre libros

ALONSO, DÁMASO: *"Poesía", Bibliografía Hispánica,* Madrid, núm. 7, julio, 1994.

BARASÁTEGUI, BLANCA: "García Nieto, tras los cristales fingidos", *ABC,* Madrid, 9, enero, 1977.

– "José García Nieto escribe desde la cumbre", *ABC,* Madrid, 10, febrero, 1980.

BLANCO VILA, LUIS: "García Nieto: Algún retorno llega". *YA,* Madrid, 9, julio, 1988.

CANELO, PUREZA: "José García Nieto", *ABC,* Madrid, 13, marzo, 1983.

– "Epílogo", en *Carta a la madre de José García Nieto,* Madrid, Caballo Griego para la Poesía, 1988, págs. 61-67 (Colección "Pentesilea", núm. 10).

CANO, JOSÉ LUIS: *Del campo y soledad, Ínsula,* Madrid, núm. 3, marzo, 1946.

CELA, CAMILO JOSÉ: "Discurso de contestación" de ingreso en la RAE de José García Nieto, en *Nuevo elogio de la lengua española.* Madrid. Real Academia Española, 1983, págs. 53-62. Se reproduce en *Nuevo elogio de la lengua española. Piedra y cielo de Roma.* Madrid. Espasa-Calpe (Selección Austral), 1984, págs. 11-22.

CORBALÁN, PABLO: "Pequeño parque y elegía de José García Nieto", *Informaciones*, Madrid, 28, enero, 1960.

DÍAZ-PLAJA, GUILLERMO: *"Memorias y compromisos"*, ABC, Madrid, 9, junio, 1966.

— *"Hablando sólo,* de José García Nieto", *ABC*, Madrid, 25, julio, 1968. Reproducido en el libro Díaz-Plaja, Guillermo. *Cien libros españoles*. Poesía y novela 1968-1970, Madrid, Anaya, 1971, págs. 53-57.

DIEGO, GERARDO: "José García Nieto", *Pueblo*, Madrid, 27, abril, 1944.

— "El compromiso y la memoria", *Arriba*, Madrid, 11, febrero, 1968.

DOLÇ, MIGUEL: "La fidelidad a los compromisos. Realidad y memoria de José García Nieto", *La Vanguardia Española*, Barcelona, 18, septiembre, 1966.

FERNÁNDEZ ALMAGRO, MELCHOR: *"Tregua,* por José García Nieto", *ABC*, Madrid, 13, enero, 1953.

— *"El parque pequeño y Elegía en Covaleda",* por José García Nieto, *ABC*, Madrid, 31, enero, 1960.

FERNÁNDEZ POMBO, RAFAEL: "La luz interior. *Los cristales fingidos,* por José García Nieto", *YA*, Madrid, 5, octubre, 1978.

VAN HALEN, JUAN: "Los encuentros" (José García Nieto), *Treinta días*, Madrid, marzo, 1982.

GARCÍA POSADA, MIGUEL: *"Nuevo elogio de la lengua española. Piedra y cielo de Roma"*, ABC, Madrid, 31, marzo, 1984.

— *"Carta a la madre,* de José García Nieto", *ABC*, Madrid, 12, noviembre, 1988.

GIMFERRER, PERE: "Preliminar" en *Carta a la madre.* José García Nieto. Madrid. Caballo Griego para la Poesía, 1988 (Col. "Pentesilea", núm. 10), págs. 9-12.

IGLESIAS LAGUNA, ANTONIO: "Garcilaso, tópico", *La Estafeta Literaria*, Madrid, núm. 280, 1, diciembre, 1963.

JIMÉNEZ MARTOS, LUIS: *"El Parque pequeño y Elegía en Covaleda",* Ágora, Madrid, núms. 39-40, enero-febrero, 1960.

— "José García Nieto. *Circunstancia de la muerte",* La Estafeta Literaria, Madrid, núm. 270, 20, julio, 1963.

— "La hora del poeta. José García Nieto. *La hora undécima",* La Estafeta Literaria, Madrid, núm. 277, 26, octubre, 1963.

— *Memorias y compromisos, La Estafeta Literaria,* Madrid, núm. 347, 2, julio, 1966.

— "Cuatro poetas de hoy. *Hablando solo.* José García Nieto", *La Estafeta Literaria,* Madrid, núm. 400, 15, julio, 1968.

LAMET, PEDRO MIGUEL: "José García Nieto. *La hora undécima",* *Reseña,* Madrid, núm. 7, abril, 1965.

LUIS, LEOPOLDO DE: *"Tregua",* *Ínsula,* Madrid, núm. 72, 1951.

— *"El arrabal,* de José García Nieto", *Pueblo,* Madrid, 8, noviembre, 1980.

— "La más reciente poesía de José García Nieto", *Ínsula,* Madrid, núm. 460, marzo, 1985.

M., A.: "El corazón y la memoria", *Papeles de San Armadans,* Madrid-Palma de Mallorca, Año XI, Tomo XLII, núm. CXXVI, septiembre, 1966.

MARTÍNEZ RUIZ, FLORENCIO: *"Geografía es amor,* de José García Nieto", *El Español,* Madrid, del 30, abril, al 6, mayo, de 1961.

— *"Los cristales fingidos,* de José García Nieto", *ABC,* Madrid, 1, junio, 1978.

— *"Galiana.* José García Nieto", *ABC,* Madrid, 14, febrero, 1987.

MIRÓ, EMILIO: *"Memorias y compromisos,* por José García Nieto", *Ínsula,* Madrid, núm. 241, diciembre, 1966.

— *"Hablando solo,* de José García Nieto", *Ínsula,* Madrid, núm. 266, enero, 1969.

MORALES, RAFAEL: "José García Nieto, poeta melancólico", *Arriba,* Madrid, 23, junio, 1968.

MOSTAZA, BARTOLOMÉ: "En sus más maduros frutos", *YA,* Madrid, 19, febrero, 1964.

MURCIANO, CARLOS: *"Hablando solo.* García Nieto o la madurez", *La Vanguardia Española,* Barcelona, 23, agosto, 1968. Reproducido en *El Universal de Caracas,* 13, octubre, 1968.

— *"Toledo.* Memoria de una luz", *La Vanguardia Española,* Barcelona, 22, agosto, 1974.

— "García Nieto y sus 'collages'", *ABC,* Madrid, 23, noviembre, 1977.

— "José García Nieto: *Los cristales fingidos".* La Estafeta Literaria, Madrid, núm. 639, 1, julio, 1978.

— *"El arrabal,* de José García Nieto", *El Imparcial,* Madrid, 18, octubre, 1980.

— "De Dios y soledad", *Nueva Estafeta,* Madrid, noviembre, núm. 36, 1981.

— *"Sonetos españoles a Bolívar,* de José García Nieto", *ABC,* Madrid, 19, noviembre, 1983.

REVUELTA, JESÚS: *"Poesía", Arriba,* Madrid, 3, mayo, 1944.

SÁINZ DE ROBLES, FEDERICO CARLOS: "José García Nieto: *El Parque pequeño y Elegía en Covaleda", Madrid,* Madrid, 5, febrero, 1960.

SÁNCHEZ-BENDITO, Mª JOSÉ: "Diálogos con... José García Nieto", *Albor,* Madrid, núm. 74, 1951.

SERRANO, EUGENIA: *"Tregua". Ambiente.* Madrid, 1, noviembre, 1951.

UMBRAL, FRANCISCO: "José García Nieto: Semblanza directa y esquema biográfico", *Punta Europa,* Madrid, marzo, 1963.

— "José García Nieto, entre Garcilaso y Cernuda", *La Estafeta Literaria,* Madrid, núm. 405; 1, octubre, 1968.

VÍSPERA HACIA TI
(1940)

... que a ver el deseado
sol de tu clara vista me encamine...
GARCILASO

D oblaban en el viento las banderas
de todos los adioses que esperabas.
Caían copos blancos de chilabas
por una despedida de palmeras.

Dormida en las arenas de tu cuna
quedó una huella de tus pies perdidos.
Se levantaban ecos escondidos
en las ciudades de color de luna.

Marcó el mar entre espumas tu partida;
iba por una brisa la arrogancia
de tu mirada limpia hacia otra vida.

Se suicidaron, lejos, muy pequeñas,
cerca del horizonte de tu infancia,
dos nubes de blanquísimas cigüeñas.

*A*l mar. Navíos varados.
Ruta abierta. Fiesta plena.
Dorada de toda arena,
tú. Dos mundos a los lados
de tu figura: costados
de dos colores. Llegar
a tu lado y encontrar
todo lo que ya no aleja.
Horizonte, cauda vieja
de la tarde, ¡al mar, al mar!

*L*a última sombra cae en la redada.
Plenitud de acuarela. Luz de bronce.
Mañana de alamar. Son unas once
divorciadas de cifra y campanada.

Labor de aceras —amplios dobladillos—
harán sus pasos; justas sus puntadas.
Proyectarán color siete amarillos
en un monótono iris de fachadas.

Distinta a todo, definida, exacta,
presa en tu red, cantar de tus cantares,
te sueño línea pura, curva intacta.

Única y fija en el final que anhelas,
irás desenhebrando bulevares
entre un temblor de acacias paralelas.

C ampanas altas! ¡Campanas!
    Bronce y viento. Claridad.
    Al fin cubren mi ciudad
tus cigüeñas más lejanas.
Regreso a todo. Mañanas
de canción libre. Ahora sí.
Ya las flores que perdí
llenan de luz el rosal
y abre tu rosa al final
de mi víspera hacia tí.

POESÍA 1940-1943
(1944)

SONETOS

A cantar dulce y a morirme luego.
GÓNGORA

No sé si soy así ni si me llamo
así como me llaman diariamente;
sé que de amor me lleno dulcemente
y en voz a borbotones me derramo.

Lluvia sin ocasión, huerto sin amo
donde el fruto se cae sobradamente
y donde miel y tierra, juntamente,
suben a mi garganta, tramo a tramo.

Suben y ya no sé dónde coincide
mi angustia con mi júbilo, ordenando
esta razón sonora y sucesiva.

Y estoy condecorado, aunque lo olvide,
por un antiguo nombre en que cantando
voy a mi soledad definitiva.

Tan hombre soy que siento por mi pecho
ríos de un corazón precipitado
que avanza rumoroso y desbordado,
cuantos más años tiene, más derecho.

Baja a mis pulsos, súbito, en acecho,
y hasta mi lengua sube enamorado;
vive para mi voz y su cuidado,
se ahoga entre los llantos que cosecho.

Tan hombre soy que por vivir daría
lo que tengo, que es vida solamente,
barro que sólo en barro se sustenta.

Y un día llegará la muerte, un día
se llenará de sombras esta frente
que es sólo carne y carne la alimenta.

Oscura noticia.
DÁMASO ALONSO

Soneto mío, letra, angustia, nada;
noticia oscura, pálpito del cielo
dentro del corazón, cortado vuelo
del ángel que precisa su llamada.

Mío cuando eres sombra adelantada
y subes de la sangre y traes un velo
que al abrirse me restituye al suelo
y me convierte en tierra aprisionada.

Así queda la lengua sorprendida
por esta anunciación de ala que tiene
el destino tristísimo del lodo.

Y esto que es sólo letra, rastro, huida,
es toda la ambición que me sostiene,
toda mi libertad y mi amor todo.

Agradecido amor a mi pie errante
GÓNGORA

E mplazado a quietud estaba el vuelo;
a silencio la voz, y el alma a olvido.
Herido estoy de amor y no vencido,
ni habito el aire ni evidencio el suelo.

Ni tu palabra invade mi desvelo
ni en tu ausencia se crece mi descuido;
se alza a mi lado el pálpito del nido
sobre la sangre inédita del celo.

¡Qué mal guerrero fui de tu impaciencia!
¡Qué mal abril del agua renovada
que te encontró hecho junco en la ribera!

Luché sin triunfo en lid de adolescencia
con un dolor antiguo en la mirada
y una ambición novísima en la espera.

*E*l mar, el mar. Tú, vela y capitana,
tela tostada y dulce jerarquía.
Atrás, la tarde lenta y la alquería
—aprendiza de ermita sin campana—.

Tú emplazando la luz de la mañana
para el más encendido mediodía.
Aquí tu ausencia abriendo para el día
mi amargura ya antigua y cotidiana.

Allí tus ojos fáciles buscando
una nueva altamar o un libro nuevo
donde encontrar el hueco de mi huella.

Yo aquí tejiendo insomnios y esperando
que Leo le haga a Cáncer su relevo
para soñar tu amor en otra estrella.

*M*ira cómo mi sangre se revela,
cómo pide tu pie, cómo reclama
la voz de amor que como a ti me llama
y tu pasión a mi pasión gemela.

Mira cómo este afán que me desvela,
con su inquietud te viste y te recama;
cómo es tu fuego idéntico a mi llama
y tu angustia a mi angustia paralela.

Cómo se une en el aire mi destierro
al tuyo abandonado en las arenas,
acostadas, mojadas y amarillas.

Si a hierro estás herida, yo a tu hierro
muero, pero me muero en las almenas
que esperan tu regreso de puntillas.

Como el toro he nacido para el luto.
M. H.

No como el toro, amor; sufro de amores
y estoy sólo a tu labio sometido.
Mejor que prado el toro, tengo un nido,
y mi luto es de alados resplandores.

Mejor que el toro, amor. Voces mejores
ordenadas por ti; más que vencido,
estoy alzado amor; si soy herido
lo soy por mis venablos interiores.

Vivo mi noche, amante y desvelado,
habitando entre nubes por tus huellas.
Así sí, como el Toro, en el sosiego,

resido en este cielo que me has dado,
siendo mi guardia eterna las estrellas
y Aldebarán mi corazón de fuego.

*T*engo, tienes, tenemos acomodo
   en un mundo cortado a la medida;
   tela para vestir toda la vida,
todo el amor y el entusiasmo todo.

Amo, amas. Amar de cualquier modo;
aquí ceñido el sol, aquí ceñida
la voz, sujeta aquí está la partida,
atado aquí el ardor codo con codo.

Por tenerte, tenerme, por tenernos
y limitar el vuelo de los ojos
a la ocasión del labio más perfecta,

paso, pasas, pasamos, siempre eternos,
sujetos al dolor por los hinojos
y al día por un alba predilecta.

JOVEN PARA LA MUERTE

*A*rrojado a tu luz madrugadora,
   me muero niño y soy todo un deseo
   de varón en continuo jubileo
hacia tu corazón de ruiseñora.

De trino escalador junto a la aurora
eres, y voy a tí, y hay un torneo
donde la algarabía del gorjeo
triunfa de mí y en mí se condecora.

Arrancados de un sueño o de un fuente,
por tu espada los límites del nardo
me mintieron temprana primavera.

Y estoy ahora por tí tempranamente,
como nadie, de amor herido, y tardo
en morirme de amor como cualquiera.

Rémora de mis pasos fue su oído
GÓNGORA

LLUVIA EN LA NOCHE

*L*lueve mientras se espera la mañana.
Sonidos diminutos se han llevado
un sueño y otro sueño me han dejado.
¡Qué dulce cae la lluvia en mi ventana!

Me trae la flor del agua su lejana
lección con un rumor deletreado.
Se mojan en la torre y en el prado
la caña de maíz y la campana.

Grano en mi corazón, grano y ruido
esperan que traspase techos, muros,
agua multiplicada, dividida.

El fruto sueña y sueña sin sentido,
se abren dentro los surcos más oscuros,
y llueve, llueve, llueve por mi vida.

A UNOS LIRIOS

Uniformados ya. Tan vegetales
que la sangre del agua se adivina
fresquísima y guiada se encamina
a su sueño de blancas verticales.

No hay evasión posible. Son iguales;
uno, dos, tres... El viento determina
el juego de la lanza que se inclina
hacia los más jugosos pedestales.

Triunfa el claror unánime, ascendido
sobre el asta capaz, sobre la pura
delgadez de la escala deseada.

Entre la hierba, el pie, tan escondido;
tan verde aquí, a la mano, la cintura,
y en la cima la sien, tan demudada.

LLEGADA DE UNA MUCHACHA A LA AMISTAD

Tu sitio estaba aquí, y era tan cierta
tu llegada al difícil paraíso
de nuestra palidez que fue preciso
abrirte sin llamada nuestra puerta.

Fue habitable por ti esta rosa yerta
de soledad plural, y sin aviso
quiso la luz que fueras nuestra y quiso
eternizar tu angustia más despierta.

Embajadora dulce de mendigos,
aquí está ya tu carne fugitiva,
anclado aquí tu vuelo sin testigos,

presa tu frente aquí, y aquí cautiva
tu boca en su color, como una viva
corola inesperada entre los trigos.

A UNA MUJER A QUIEN MANDÉ MI PRIMER LIBRO DE VERSOS

No sé nada de tí. Yo te di toda
mi amargura y mi voz apasionada
en un libro medida y encerrada
por la primera noche de mi boda.

¿Cómo celebras tú la tornaboda?
¿Te dio fiesta mi sangre traspasada?
¿O se quedó un momento en tu mirada
esta línea del nombre que me apoda?

En esto que te ofrezco está mi credo;
dicté desde el amor o desde el ocio
con mi verbo doliente y cotidiano.

Si más no doy es porque más no puedo.
Ya has entrado en mi dulce sacerdocio.
Come del pan que parto con mi mano.

EL BAILARÍN DEL TIOVIVO

R ecreará la rueda la mirada
y habrá un hombre delgado, fuerte y frío,
que hará girar el río por el río,
helando el corazón de la yeguada.

Tú acordas tu tristeza, traspasada
de música, de amor, de escalofrío,
con el paisaje joven y el tardío
vuelo del agua antigua, acompasada.

Sangre parada en trance de latido,
rosa para imposibles mediodías,
devanador del aire y su madeja;

el ojo muerto, el muslo bien ceñido,
y en el telar de las monotonías
la delgadez del ritmo sin pareja.

MONTE, RÍO, VIENTO...

DÉCIMAS DEL GUADARRAMA

1

*L*ograda suerte de estío
por ausencia de ciudades.
Diálogo de soledades
en las márgenes del río.
Señor de su señorío,
el álamo se asegura,
cabalga plata y altura
a golpes de brisa y hoja
y ofrece a la tarde roja
su delgadez sin cintura.

2

*V*ivo para la distante
malva que crece tan honda;
para la copa redonda
del pino vive mi amante.
Sandalia de caminante
y vuelo de garza real.
Aventura desigual
donde mi anhelo se pierde.
Mi amante es un pino verde
con la copa de cristal.

3

La catarata infantil
del arroyo se desata.
Trenzado a su cabalgata
se hace mayo tanto abril.
Para romper el añil
de este cielo que se enciende,
la zarzamora se prende,
paso a paso, a la ladera,
y triunfa una primavera
para la luz que desciende.

4

En la menta abanderada
descansa la mariposa.
Está tan lejos la rosa
como el perfil de la espada.
No importa; aroma y cruzada
nardo y arroyo los dan.
En los espinos están
de guardia torres floridas,
y el viento, suelto de bridas,
se proclama capitán.

5

*E*l búho —canto de esquilas—
　　　asusta a la noche oscura;
　　　huyen al son su figura
las heredades tranquilas.
El cielo en diez mil pupilas
se asoma por mi ventana
y hay una copla galana
que escala la acacia en flor.
¿Por qué camino de amor
vendrá mi amante mañana?

6

*H*oy subo a la amanecida
　　　—sendero turbio, alta loma—,
　　　mensajero sin paloma
para mi amante perdida.
Mi voz salta. No hay huida
posible. Invade un claror
que desnuda. —¡Amor, amor...!—
Y nadie contesta. El alba
ha descubierto en la malva
carne de mi amante en flor.

7

Dame para la escalada
el cayado de tu brazo;
la almohada de tu regazo
para descansar, amada.
Dame la miel apretada
de tus hombros, al llegar;
tus manos para peinar
mi cabeza contra el viento,
y dame tu voz, que siento
que se me escapa el cantar.

8

En las agujas del pino
tu vestido cosería.
Vísteme de tu alegría
para seguir mi camino.
Heraldo de mi destino,
protéjeme en tu candor.
Yo le pediré a la flor
que baje al llano a buscarte
para después desnudarte
con su desnudo de olor.

9

Camino de la Fuenfría
te llevaré en mi caballo;
te diré versos de mayo
mientras llega el mediodía.
Cómplice de tu alegría
subirá la zarzamora,
y en el viento, retadora,
serás la mágica espuela
que haga saltar la canela
de mi caballo, señora.

10

Por el surco va la yunta
con su rosario de días,
ensartando mediodías
en el testuz. Se barrunta
temporal. El cielo apunta
su amenaza. Llueve. En cada
piedra hay un verdor. Cansada
se abre la mano, contenta,
y en el yugo espera atenta
Castilla la adelantada.

OFRECIMIENTO DEL RÍO

Vengo erguido y bien lunado,
torres de luz arrastradas;
capitán de cien cruzadas,
soy clarín y brazo armado.
Traigo el árbol bien cortado,
el hacha de amanecida,
sollozos de despedida
hechos ya nada en mi espuma.
Traigo prendida la bruma.
de mi carne bien mecida.

Ato ciudades, desgrano
cuenta a cuenta mi collar;
traigo un antiguo cantar
que juego de mano en mano.
Bajo de un cerro lejano
mi rodada sonería
y traigo esta sed tan mía
de arena y de caracola.
Voy doncel a nueva ola
con el agua amante y fría.

¡Ay, qué verdor me limita,
me cerca, me acerca, lleva!
La pasión que me subleva
me empuja en flor a mi cita.
Si he de llegar donde habita
mi amor, sin amor crecido,
destrenzado y distendido,
dejaré rizo y pujanza,
que voy clavado en la lanza
de mi acero florecido.

VIENTO EN LOS CRISTALES

noche cuando dormía"
el viento mató mi sueño
bruscamente.

Y floreció un nuevo día
con un arcángel pequeño
por la nieve de mi frente.

¡Cuánto grito!
Aires, alas, irrumpieron
en mi silencio infinito.

¡Qué sonrisa
para mis labios trajeron
velas de viento y de prisa!

Anoche tuve el mensaje
de mi último amor en vilo.

Para subir el sigilo
de mi soledad sin traje,
torres blancas, frío hilo,
me ayudaron en mi empeño.

Viaje a vela por mi sueño.

CANCIONES

TRES CANCIONES DE MUERTE EN PRIMAVERA

MUERTO EN FLOR

Junto al árbol del amor,
sin yo saberlo, mi amada,
me lo mató el cazador.

Junto a la rama florida,
florida de flor morada,
me lo han matado, mi vida.

Al alba, junto a la flor,
sin pólvora y sin espada
me lo mató el cazador.

El cazador de luceros
lo mató una madrugada
sin halcones ni monteros.

Mi sueño mejor crecido
murió en la rama delgada
del árbol mejor florido.

Junto al árbol del amor,
sin otoño y sin nevada,
me lo mató el cazador.

LA NIÑA MIEDOSA

No quiero que vuelva el toro
que junto al agua del río
nubló mi pelo de oro.

Amigo, dile al vaquero
que el toro me ha dado frío
junto a la flor del romero.

Dile al toro que no vuelva,
que están escalando el muro
la mora y la madreselva.

A los panaderos, diles
que encierren al toro oscuro,
a la fuerza, en los toriles.

Que le lleven a la arena,
que suben a mis tejados
aromas de hierbabuena.

Para su tercera suerte
escalan ya mis costados
lirios de condena a muerte.

Que lo maten en el sol,
que está guardando mi pelo
en su hojita el caracol.

Que lo maten sin puntilla
al toro de terciopelo
que me ha asustado en la orilla.

EL GALGO

*L*a rama del alhelí
   le ha dicho a la encrucijada
   que lo mató el jabalí.

A mi galgo de canela,
de fuego por la cañada
y tibio junto a la espuela.

El jabalí le ha dejado
la miel de media granada
dando muerte a su costado.

En la hierba estremecida
su carne está amortajada
de luna y lila florida.

Su carne pálida y yerta,
su carne yerta y clavada,
su carne clavada y muerta.

VERSOS DE UN HUÉSPED
DE LUISA ESTEBAN
(1944)

Dedicatoria: A Luisa Esteban "La Reluces".
Otra: A Camilo José Cela, Charles David Ley y Martín Abizanda.

Te has quedado aquí, Luisa Esteban;
conmigo y en mis versos. Y en las manos de
mis amigos. También en los ojos de estos tres,
cuyos nombres sirven de claveros a mi
memoria, a tu memoria, Luisa Esteban.
    Pequeña era tu casa, como lo es este libro,
y allí cupo mi voz en la que te quedaste
prendida sin remedio. Sin salida, Luisa
Esteban, como nos vamos quedando en
muchos rincones del mundo, en tantas y
tantas de las innumerables salas de la tierra.
Tú no lo sabrás nunca y, sin embargo, tiene
ahí, por donde te mueves, mi gesto de señorito
y mis pasos quedos a la madrugada; ahí,
donde tus hules pintados y tu San Antonio,
tu enjalbegado vasar, tu falda tiesa y tu
partido pelo. Déjame aquí, y en cambio, tu
nombre alto, hondísimo, traspasando mi
costumbre, el ir y venir irremediable de mi
corazón al de los hombres.

LLEGADA

L a luna de agosto viene
en hombros del Guadarrama.

Tus tejados, Luisa Esteban,
hace tiempo que la aguardan.

La Luna parece un río
desbordado por Las Navas.

Quién me diera un San Cristóbal
que a la puerta de tu casa,
con un pino por cayado,
dulcemente me llevara.

¡Que me ahogo, Luisa Esteban,
en esta luna de agua!

Con un anillo en el cuello
me revolvía en tus sábanas
que aullaban en mis oídos
como el viento entre las ramas.

Por un tierra de lobos
me sorprendió la mañana.

HERMANO CASTILLO

Mi soledad es esto que ahora siento,
este silencio, esta quietud que apenas
deja un poco de música en mis venas,
un poco de razón al pensamiento.

Como tú, fortaleza, contra el viento:
yo sin brazos, tú puente sin cadenas;
sin ilusiones yo, tú sin almenas;
los dos memoria o labio sin acento.

Mi soledad es vernos en la tierra,
hincado yo también porque te clavas,
elevado en mi voz porque tú subes.

Tú como yo; los dos como esta sierra;
Ávila hundida aquí por esas Navas
y allí Gredos crecido entre las nubes.

SONETO DE LA NIEVE TODAVÍA

Mira cómo se quema el Guadarrama
en sus torres azules. Esa loma
tiene un poco de nieve, una paloma
que ha librado sus alas de la llama.

Qué desierta de pájaros la rama
donde a la luz mi corazón se asoma,
como un clavel de invierno sin aroma
como un campo segado de retama.

Crezco de amor bajo este sol tendido,
y crecen las montañas imitando
el hielo que mi ardor no te ha deshecho.

Bajo un ave de nieve estoy vencido
y están sus alas frías coronando
una sierra de sangre por mi pecho.

SONETO EN "EL RISCO"

He encontrado a mi paso todavía,
    aquí donde la tierra se reposa,
    una rosa de piedra prodigiosa
que la mano de Dios colocó un día.

Le falta al corazón de cada cosa
el agua de la gracia. Se diría
que trajo solamente el alma mía
el río de su voz para esta rosa.

Nadie la ve, pero los hombres llegan
y liban en la miel que el sol derrama
y deja entre sus pétalos cautiva.

Brazos que luchan y ojos que se anegan
en el mar de Castilla, pura llama
con una isla en flor de roca viva.

HACIA SANTA MARÍA

E l arrendajo, pato
de los aires, oscuro,
pasa. ¿Por dónde? Hay algo
que nos oculta el rumbo.

Y llora la resina
intermitentemente
por la amarilla herida
que tiene el pino verde.

A nuestro alrededor
sólo el vuelo y el árbol;
la garganta sin voz,
sin amigo la mano.

Pero Dios no está lejos.
Ya se anuncia. Sin prisas,
detrás de aquel otero
nace Santa María.

ROMANCILLO DE LOS ENTERRADORES

D omingo de misa
mayor en el pueblo.

Los enterradores
del Ayuntamiento,

en un banco largo
vestidos de negro.

Diez boinas iguales
y ningún sombrero.

Hoy no irán al toro
ni a ojear al ciervo,

ni a las amarillas
eras de Cebreros.

Por toda la iglesia
deja su silencio

el adelantado
frío de los muertos.

Ayer se llevaron
a Juan el barbero

y hoy ven su camisa
blanca en el incienso.

PATIO DEL CASTILLO

Por los arcos vencidos
de este castillo
¿qué escarabajo pasa
que tanto tarda?

En este escudo roto
que entra en mis ojos
¿quién dejó el musgo verde
de los cuarteles?

La torre sin almenas
que nadie vela
¿por qué cuida la lumbre
de un sol sin nubes?

Las dos, las tres, las cuatro;
se abre mi mano,
y entre las piedras toco
sangre de agosto.

No hay puente ni cadenas
ni santo y seña,
y un grillo canta y abre
toda la tarde.

DESPEDIDA

Vuelvo a mi casa, más alta
que la tuya, Luisa Esteban,
pero sin una ventana
que de al atrio de la iglesia.

—¡Adiós, adiós!—
                Y no oyes,
Luisa Esteban.

No levantarás el cántaro,
por mí, de su cantarera,
con el agua del aljibe,
sonora, delgada y fresca.
En tu cama de altos hierros
no dormiré más la siesta.
Ni en tus sábanas de hilo,
Luisa Esteban.

Porque a mí me llevan —mira,
tú que no oyes, mi pena—
amores de otras ciudades
hasta otra calle cualquiera
que no es ésta con un toro
descansando ante tu puerta.

TÚ Y YO SOBRE LA TIERRA
(1944)

*A*caso donde el reno, la cobra o la palmera,
donde no hemos sabido —hielo o fuego en el viento—,
haya heraldos que lleven nuestra pasión o puente,
mensajeros de luna, siempre lenta y la misma.

Y una envidia tremenda y antes desconocida
lanzará dardos, flechas y venenos viajeros
que portarán heridas para una muerte exótica
hasta nuestro latido único, inabatible.

No importa, nada importa; pero ya sé qué sueño
cuajado de tumultos irrumpe en tus pestañas,
ya sé por qué en tu pelo duerme a veces un frío.

Ahora ya sé que el látigo que me amenaza, el viento
que me seca, o la nieve que recorre mi espalda,
son señales del reno, la cobra o la palmera.

*T*e he llamado esta noche —cuatro de la mañana—
cuando mi insomnio hacía su balance sin cifras,
cuando estaban los álamos —¡tan lejos de mi almohada!—
diciéndole a la luna su verso delgadísisimo.

Te he llamado esta noche y he abreviado distancias
con mis ojos abiertos, casi desorbitados,
buscadores de oro, donde la sombra, entera,
derramaba su vino capaz e interminable.

Te he llamado esta noche con la voz que me nace
con alas y con remos desde mi cuerpo inmóvil
para buscar tu sueño deseado y distante.

Si un día te llegara, aunque ahora lo desee,
yo no sería nunca para tí más que un ruido
de otoño derramado dentro de tus cabellos.

No le digas a nadie que me hastía la rosa;
cuando llega a los labios su verdad, me subleva
que el pétalo no tenga tu seda primitiva
o que esté en una torre distinta a tu cintura.

No le digas a nadie que júbilos y páginas
y dolores del tiempo para mi piel, resbalan
sin dejar una lágrima o un mundo diminuto
donde se encierre toda tu ausencia indeclinable.

Pero vendrás un día cuando todos los libros
te esperen a la puerta de su primer capítulo
para que tú les digas: «Abrid; ya soy llegada».

Y entonces aves, mundos, silencios y adjetivos
llenarán a la rosa de esencias y evidencias
por tí y en tí, a tu lado, maravillosamente.

He venido a la tierra hoy —nueve de septiembre—
buscándote en la puerta de este otoño vacío.
Nadie sabe que tengo menos años que nunca
y que sólo conozco tu contorno inmediato.

He venido a la tierra, arrancado de un sueño
donde hacía contigo los lagos y las frutas,
donde la tela tersa de todas las mañanas
buscaba enamorados dardos de nuestros dedos.

Y tú no estás o vives fuera de mi costumbre.
Lejanías te roban, te someten; te cercan
litorales ajenos a mi fácil llegada.

He perdido mi viaje, mi pulso y mi camino,
y encuentro ahora en todo lo que te amó y amaste
el ala y la mirada de tu paso de estrella.

Esta ocasión del labio, sonora y prolongada,
donde se justifican la anémona y el cisne
trayendo monarquías de tu mano o tu boca,
un día serán sólo cal y canto en la tierra.

Un día, brazos y alas, serán musgo y silencio
fríos y sometidos hasta el fin de los tiempos,
y en el último gesto del pecho habrá memoria
de vendavales y águilas caudales destructoras.

Rodarán pulsos, voces, por un río oscurísimo
donde todas las velas del barco o del vestido
serán cuevas tremendas de sombras milenarias.

Pero entre ceguedades, gravedades y muros
pasará un suave viento movido por el ángel
que un día vio mi frente reclinada en tu hombro.

RETABLO DEL ÁNGEL, EL HOMBRE Y LA PASTORA
(1945)

FRAGMENTO FINAL

Cae el Hombre de rodillas, y la Doncella, como despertando de un sueño, se levanta y camina hacia la montaña. A su paso se van enfriando las piedras, y el Hombre, detrás, pisa seguro. Éste se vuelve al Ángel, que sonríe a las primeras luces del alba.

HOMBRE

¿Por qué dejaste, por qué,
que consiguiera mi intento?
Corta mi voz y mi aliento
por la rama que corté.
¿Cómo le devolveré,
buen Ángel, doncellería?
Ángel, ¿por qué robaría
lo que ahora sube en las andas
del alba, casi en volandas
hasta mi alta montería?

ÁNGEL

Hombre, tu amor te ha salvado
y yo salvé a la Doncella.
Tu brazo no llegó a ella.
Sobre el deseo exaltado
yo puse un sueño pesado
que en el umbral te abatió.
La tierra no floreció
para el mal y su recreo.

HOMBRE

¡Estoy ciego a lo que veo!
¿Quién cambió mis ojos?

DONCELLA

Yo.

HOMBRE

¿Y ahora...?

DONCELLA

Sube a los alcores,
vencedor de primaveras.
Yo clavaré tus banderas
sobre mis palos mayores
Ya llegan los cazadores,
anunciadores del alba,
quemando pólvora en salva

de bienvenida y saludo.
El día es un niño mudo
que aprende a hablar en la malva.

Llega rotundo el día entre los disparos de madrugada de los cazadores.

JARA

Que mi pecho se abra,
y guarde el corazón de mi semilla
tu primera palabra.

RÍO

Señal de tu rodilla
daré multiplicada por mi orilla.

MONTAÑA

Daré de loma en loma
la noticia de amor de la Doncella;
sus ojos de paloma
que ha encendido una estrella,
su mejilla de almendro y de grosella.

ZARZAMORA

No tocaré su piel
cuando su mano tienda a mis espinas.

ROMERO

Mi aroma para él.

HOMBRE

Para ella, la más fina
lágrima del arroyo y la resina.

LIRIO

Hombre, cuando tú vengas
se rendirán mis lanzas a tu paso.

AMAPOLA

Doncella, haré que tengas
el labio en que me abraso
y el tacto delicado de mi raso.

Las malas flores, arrepentidas, ofrecen sus gracias a la doncella.

ZARZAMORA

¡Pide!

LIRIO

¡Pide!

ROMERO

¿Qué quieres?

DONCELLA

Pastor, sólo te quiero y nada pido;
quiero verte como eres
y soñar con un nido
donde ante Dios te tenga por marido.

HOMBRE

Señor, Señor. Tu gracia me convida
a ser de miel ganada y verdadera.
Dame el trabajo diario de la cera
sobre el panal difícil de la vida.
Señor, si vi los bordes de la herida,
la espada de mi anhelo, tan primera,
en trance de esperada primavera
quedó alzada en el aire y ya vencida.
Todo el rumor del bosque se me adentra,
me dice de tu voz, y dice el río
de una ruta y un fin que Tú señalas.
Ya te pide mi boca y ya te encuentra
mi mirada en la luz, y el paso mío
se ciñe a la costumbre de tus alas.

Guiado por el Ángel, el Hombre alcanza la cumbre del monte, de donde bajó, pisando por las huellas de amor de la Doncella.

TOLEDO
(1945)

ORILLA DE AYER

*B*razo capaz, cintillo delicado,
hacia el remoto sol de otras arenas
va el sonoro rodar de tus cadenas
dejando atrás el álamo dorado.

Si hondísimo y en sombra te has llevado
el labio casi azul de las almenas
¿qué encontrarán después tus manos, llenas
de Toledo, hacia ti precipitado?

Yo, como tú, me iré por otro cielo,
como tú, con memoria de este suelo;
las manos, como tú, tan regaladas.

Y como tú, le dejaré al olvido
un álamo, un amor y el dulce ruido
de mi brazo de niño en tus espadas.

MADRIGAL A CASTILLA

A quella era Castilla, mi morada
la novia interminable del estío,
sorprendida de verse en tanto río,
tan sin querer fielmente reflejada.

La tierra roja y vuelta la mirada
—¿por qué rubor y a qué lejano frío?—,
llena de luz, desnuda de atavío,
castamente te he visto desposada.

¿Y a qué varón tu limpio plenilunio?
¿en qué labios el beso de tu junio?
¿por qué lecho tu dura geografía?

Estás aquí, imposible para esposa,
tan sin casar que tienes una rosa
cerrada, indescifrable, todavía.

NUEVE CANCIONES EN RUTA HACIA TOLEDO

1

Dos filas largas de álamos,
blancos hasta la cintura
con sus delantales blancos.

Y, ahora, Olías del Rey.

¡Qué nombre, amor! Y ¿por qué?
Dime qué rey a caballo
pasó por aquí y a qué.

2

Avéntame, segador,
la carne que envuelve el alma
y déjame sólo el trigo
de mis mejores palabras.

A Pedro Pérez Clotet

3

Villaluenga y por Castilla.

En un pueblo de igual nombre
tengo yo un amigo, amiga.
Pero a aquella tierra clara
la llaman Andalucía.

4

La noria, pesadamente,
sacando a la luz el agua.

Castilla quieta en el aire,
desnuda y atravesada
por cien vuelos que descienden
a sus diminutas playas.

Los cañaverales crecen
almenas para Galiana.

La tierra rueda que rueda
su noria deshabitada.

5

Dicen que en los cigarrales
sestea un toro a la sombra.

La gracia de los erales
entre castillos se dobla.

Toledo se ciñe el río
para la media verónica.

6

*E*n mi corazón entraste
alta, segura y ligera,
sin llamada y sin sorpresa.

Hoy pasaremos la puerta,
puerta vieja de Bisagra,
sin decir el santo y seña.

7

*B*ajando de San Servando
te asustó la cinta verde
—verde y blanca— del lagarto.

Y ahora al pasar por el puente,
señora de tanto río,
no temes al agua verde

8

*L*e faltan torres al aire
de la tarde.

La casa donde viví
no tiene nombre ni plaza,
ni la plaza reloj grande
que diga sus campanadas.

Zocodover busca un niño
por el sol de sus terrazas.

y 9

Junto al brazo desclavado
del Cristo, la mala adelfa.

Sobre el juramento falso
sangre floreció en la Vega.

Sobre el veneno la flor,
por gracia de una palabra,
junto a la puesta de sol.

CANCIÓN DE AMOR DESDE LEJOS

Toledo en mi corazón
y en mi soledad tus ojos
¿memoria de qué, mi amor?

¿Memoria de qué batalla,
ganada en qué dura almena,
levantada en qué mañana?

Madrugador el castillo,
dormido el río en la vega,
y tú soñando conmigo.

Para decirte, mi amor,
dónde empiezan mis caminos,
a Toledo he de volver
con tus ojos por testigo.

FÁBULA

I

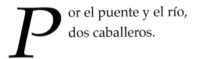 or el puente y el río,
dos caballeros.

Uno era peregrino
y otro guerrero.

Por el río y el puente
van dos muchachas.

Una busca una estrella
y otra una espada.

Por el puente y el río,
dos celosías.

Una, tierra caliente,
y otra, agua fría.

II

Por el río y el puente,
soldado y santo.

Uno marcha a la guerra
y otro a Santiago.

Por el puente y el río,
lunas y peces.

Dos doncellas, heridas
de amores, vuelven.

AUSENCIA DE TOLEDO

La voz a ti debida

I

Ya cruzarán de Alcántara a Galiana
las nuevas aves de la primavera,
y un sueño mío irá por la ribera
del río que adelanta la mañana.

Ya escalará la hierba más temprana
piedras de San Servando. ¡Oh, la primera
aventura de amor, la azul ladera,
y el paisaje de ayer en mi ventana!

Guardará el cigarral su sombra, y tanto
retrasará la tarde su relevo
que caerán las estrellas de repente.

Y en esta soledad donde te canto
llega también la voz que a tí te debo
como un agua delgada por un puente.

II

Qué desconsuelo al aire de Castilla,
ciudad, lleva este verso en que termino
mi voz de ti heredada, como un vino
que es ya rubor sobrado en la mejilla.

Cómo creces sin mí, cómo se humilla
mi sien a tu recuerdo. No hay camino
que a ti no me conduzca, y falta lino
para enjugar mi llanto por tu orilla.

¡Oh, ascendido refugio de campanas!
Tú ordenaste mi pie, y encuentro bajo
mi huella los rumores de tus bronces.

Cómo añora la luz de mis mañanas
al claro, curvo y descansado Tajo,
hoy buscador de mi niñez de entonces.

DEL CAMPO Y SOLEDAD
(1946)

EL HOMBRE

NACIMIENTO DE DIOS

Y Tú, Señor, naciendo, inesperado,
en esta soledad del pecho mío.
Señor, mi corazón, lleno de frío,
¿en qué tibio rincón lo has transformado?

¡Qué de repente, Dios, entró tu arado
a romper el terrón de mi baldío!
Pude vivir estando tan vacío,
¡cómo no muero al verme tan colmado!

Lleno de Ti, Señor; aquí tu fuente
que vuelve a mí sus múltiples espejos
y abrillanta mis límites de hombre.

Y yo a tus pies, dejando humildemente
tres palabras traídas de muy lejos:
el oro, incienso y mirra de mi nombre.

EN LA ERMITA DEL CRISTO DE GRACIA

1

Qué solo estás! La tarde, fuera,tiene
una lejana música. Yo paso
vacilante, hijo tuyo en el ocaso,
sombra que con tu muerte se sostiene.

Herida está tu casa y tan vacía
como mi corazón, también deshecho.
Como Tú, en esta nave de mi pecho
tengo un lugar donde la cera ardía.

Y hoy vengo de mis sueños más oscuros
donde hundido te espero a la mañana.
Una antigua costumbre de campana
trae mi labio al silencio de tus muros.

Nada quiero, Señor, nada te pido;
tengo esta pobre voz que Tú me has dado,
y como un perro fiel marcha a mi lado
en mi diario camino hacia el olvido.

Se va la tarde, y yo me iré con ella.
Cuando alcancen mis pasos la colina
oirás entre las ramas de esta encina
otra oración bajo la misma estrella.

Un hombre cantará incansablemente,
¿por qué, para qué oído y hasta cuándo?
La soledad del mundo le irá dando
tu cruz y tu camino nuevamente.

Ya sé lo que es andar. El alma herida
otro nombre dejó por otra sierra,
donde mi corazón se haría tierra
para darle un momento de mi vida.

No volverá mi amor a lo que amaba.
Me esperarán las cosas que ahora toco,
y se irán olvidando poco a poco
de mí, junto a tu muerte que no acaba.

2

Ser un ala
perdida, Cristo de Gracia,
para llamar en un vuelo
al cristal de tus ventanas.

O ser en el duro mármol
agua con tu nombre, agua.

O metal estremecido
de tu única campana.

O nido de tu espadaña.

O niño, Señor, jugando
—teniéndote y sin pensarte—
en el atrio de tu casa.

O mano alzando la blanca
forma de tu cuerpo muerto
con el alba.

PRIMAVERA DE UN HOMBRE

(PRIMER RECUERDO DE SORIA)

Por Soria estará ya la sierra pura
enseñando su azul entre la nieve,
y entre el bajo pinar el cielo breve
tendrá otro azul: aquel de mi ventura.

Sala de la niñez, fresca hermosura
que abril a levantar en mí se atreve;
aire de ayer que al pecho de hoy conmueve,
gota de luz entre mi sangre oscura.

Cómo volver los ojos, hacia dónde,
si a este grito de Dios nadie responde,
del Dios niño que todo lo podía.

A Soria llegará la primavera.
Siempre hay tiempo de amor para el que espera:
¡Señor, di que no es tarde todavía!

SI NO EN MIS OJOS...
(SEGUNDO RECUERDO DE SORIA)

Si no en mis ojos, en mi sangre queda,
     Soria, tu corazón entero y frío,
     dando silencio y soledad al mío
que se aleja de tí y en tí se enreda.

¡Qué hielos desde Urbión a Covaleda
y qué honda el agua en el pinar umbrío!
La carreta de leña sobre el río,
el grave leñador junto a la rueda.

Allí empezaba todo, allí las alas
entraban libres, locas, en las salas
de la tierra salvando su relieve.

Era un niño jugando entre los leños
del bajo hogar. Las llamas y los sueños
morirían en flor junto a la nieve.

ANTE UN CEMENTERIO EN CASTILLA

Hasta la sombra del ciprés se os niega,
oh, puñado de muertos en Castilla;
quemados bajo el sol; con una orilla
de piedra y una cruz de hierro ciega.

Qué triste en la llanura y qué pequeño,
cuando el agua se alegra en la pendiente,
este trozo de tierra, suficiente
para el hondo manar de vuestro sueño.

Una sala de alientos hay vacía,
un bosque de cinturas derribado;
la mano cuidadosa del arado,
el pie con que el camino se rendía.

La luz, enloquecida, irremediable,
de rama en rama va, de loma en loma,
pidiéndole al silencio una paloma
que por vuestras oscuras bocas hable.

Muda brilla en sus labios la mañana;
quiebra el pinar el pájaro y su acento,
y se queda en los álamos el viento
con su amorosa lengua de campana.

No llegará la música al oído
que la tierra implacable mina y puebla,
y un gigantesco corazón de niebla
recogerá la sangre sin latido.

Lejos está la piel cerrada en besos,
está el amor, el hombre que ahora canta,
el estrecho collar que a la garganta
pone la claridad de vuestros huesos.

Si bajo la quietud de Dios no hay nada
más que esta soledad y esta manera
que da la muerte al labio y su sonido,

Señor, deja tu mano sosegada
sobre mi corazón, que ya te espera
en lo eterno del campo y del olvido.

EL AMOR

SONETO

Quiero que estés en mí cuando yo muera,
que tu labio anhelante y apretado
sea luego una flor que haya logrado
desde la oscuridad mi calavera.

Que haga posible al fin tu primavera
a costa de mi polvo machacado,
y lo que con la vida no te he dado
con la muerte te dé de otra manera.

Que busque entre los huesos de mi frente
una cueva que guarde tu semilla
y responda en abril a tus llamadas.

Y que sea a tus pies, eternamente,
aunque tierra, la tierra sin orilla
que hoy te niegan mis venas limitadas.

MADRIGAL DESESPERADO

*E*l silencio es un lobo
    solitario y en guardia,

que se nutre un momento
sólo de mis pisadas.

El silencio es un árbol
derribado y sin ramas

que señala ese punto
donde la tierra acaba.

Donde están nuestros besos
cuando ya no son nada;

donde estarán las manos
con que te acariciaba,

donde irán con tu olvido
a morir mis palabras.

LA AMISTAD

SONETO

A María Teresa y Rafael

Alto es el cielo, y yo, sobre la tierra,
y tú, mi amor, y tú, mi dulce amigo,
sólo pruebas de Dios, humilde trigo,
caminero rumor por esta sierra.

¿A dónde vamos ya? ¿Por qué me aterra
tu nombre y el fervor con que lo digo?
¿o tu herido cantar, mi fiel testigo?
¿o mi alzada pasión con mi alma en guerra?

Se nos conduce, sí. Ciegas, hundidas,
tres rosas van, tres sangres encendidas,
a pedirle a la muerte su relevo.

Y entonces, ¿qué habrá sido de tu mano?
¿qué de tu verso, amigo tan cercano?
¿qué de mi corazón donde ahora os llevo?

JUEGO DE LOS DOCE ESPEJOS
(1951)

A UN ESPEJO DONDE SE VA A MIRAR UNA NIÑA FEA

Cuidado! No, no sigas. Huye, ciega
tu pupila feroz. ¿No ves que ahora
todo se romperá y habrá una aurora
más triste que esta noche en que se anega?

Vuélvete y niega sus mejillas, niega
sus cabellos sin brillo, y elabora
un rostro milagroso en esta hora
en que todo el misterio se te entrega.

Creen tus duendes claros la belleza,
cierren su luminosa fortaleza
a este trigal oscuro y desgranado.

Haz rojo el labio y finge blanco el seno,
y abre una nueva estrella sobre el cieno
donde, se asome el ángel que ha soñado.

A UN ESPEJO EN EL FONDO DE UN RÍO

L ágrima hundida aquí, donde es el llanto
pródigo, donde ocultan dedos fríos
arcángeles de luz, escalofríos
que por darte temor te acosan tanto.

Un chal de hielo, un renovado manto
te cubre, desdibuja, y otros ríos
finges para estos tristes ojos míos;
mas no ceses, no rompas el encanto.

Quédate acariciado y en reposo,
mirando entre las aguas este cielo
que en auroras delgadas se resuelve.

Como mi corazón que, rumoroso,
a través de la carne sueña el vuelo,
y copia y canta a un río que le envuelve.

A UN ESPEJO DE MANGO LARGO

O h, luna por un álamo prendida,
azucena elevada en alto tallo,
grupa, con cola larga, de caballo,
rastro elegido de una estrella huida;

torre donde un dormido lago anida,
sol y largo crepúsculo de mayo;
extremos de la luz, razón del rayo,
agua donde una rama se convida;

alba al final de una cañada oscura,
fuente tras una camino seco, estrecho,
cigüeña en una iglesia al mediodía;

sobre un cuello, brillante dentadura;
arroyo con un tronco por su lecho,
gota de sal en esta pluma mía.

A UN ESPEJO SIN MARCO

*P*or este endecasílabo que empiezo,
    piedra primera, a vadear tu río
    quiero llegar al inefable frío
que te sirve de puerta y de aderezo.

Esta segunda estrofa que encabezo
llevando hasta tu verso el verso mío,
quiero que fuerce, cierre y te de brío,
cielo entre cuatro ramas de cerezo.

Ya sostenido estás, ya eres completo,
y me anego en la obra terminada
antes de conseguir este terceto.

Poco te di: mi apoyo que no es nada,
con mi débil madera trabajada
por las justas orillas de un soneto.

AL ESPEJO RETROVISOR DE UN COCHE

Tú eres el corazón con lo vivido;
en ti está lo que atrás vamos dejando,
lo que hemos ido con pasión amando,
definitivamente ya perdido.

En ti vemos las gracias que se han ido,
los paisajes y el cielo de ayer, cuando
las cosas que ahora sigues recordando
flotan sobre las aguas del olvido.

Pero vives y estás: claro y pequeño,
miras aquellos prados, aquel sueño
tan lejano, las rosas de aquel día.

Crees que puedes cambiar toda la suerte
y, aunque vamos derechos a la muerte,
vives de lo pasado todavía.

TREGUA
(1951)

EL POETA

Acanto, hijo de Antinoo, fue devorado por los caballos de su padre y metamorfoseado en pájaro.

*E*rraba sin sosiego. Nadie sabe...
Verde su corazón era, y ardía
coronando a la piedra. Le pedía
vecindades al sol, jubilo al ave.

Era un arco hacia Dios. La forma grave
espuma, vuelo, soledad se hacía,
y el sueño, el aire, el agua repartía,
sola estrella, fiel ala, incierta nave.

Corceles desbocados de la tierra
le pusieron la voz y el alma en guerra,
quedó el verso flotando sobre el ruido,

y, abajo, el hombre en su mortal estrecho
con una rosa abierta por el pecho
y en pájaro sonoro convertido.

H asta que llegue.
                    ¿Quién?
                              El poema.
                                        ¿Por dónde?
              ¿De qué lugar? ¿Sirviendo a qué gota de amor?
Hasta que con su nombre nombre a esta oscura flor
de mi palabra, sombra que a mi voz no responde.
Hasta entonces, mi diaria costumbre de cantar,
mi verso inevitable, mi torpe balbuceo
han de vivir. Yo creo que son. Y porque creo
os llevo al fuego bajo que alimenta mi hogar.

Aquí veréis la llama que ilumina un olvido,
la hoja tierna y fresquísima que se resiste a arder,
la esperanza de un hombre sobre su mundo hundido,
la ocasión de salvarse con cada amanecer.

Hasta que llame un día el poema a la puerta,
como ayer, y nos traiga la segura señal,
y las manos se llenen de la más viva sal,
y sintamos la forma del ángel que despierta.

Hasta entonces, un hombre de memoria y ceniza
—ojos, labios, oídos, tristeza rumorosa—
removerá su tierra, dulcemente jugosa,
donde un topo de hastío —¿de muerte?— se desliza.

C omo estos campos del Señor que buscan
　　la primavera prometida, el vuelo
　　puntual y anunciador de las alondras,
busco yo mis almendros interiores
y se pierden mis ojos en la sombra.

Reconozco a mi paso los caminos.
Un pozo de silencio me devuelven
los lugares, las huellas, los recuerdos.
¿Era en estas orillas donde alzaba
los álamos dorados de mi pecho?

¡Qué tarde, primavera, a tus bancales!
Con qué daño de amor entre la hierba.
Llueve sobre la lluvia de las cosas:
la flor, el verso, el hombre, Dios, esperan.

N o sé por qué esta rama renace en lo perdido
　　con cada primavera; por qué una muerte tiene
　　lo más recientemente florecido.
A este hueco del alma ¿no hay verdor que lo llene?

No son ciertas las hojas del árbol de aquel día.
¿Probó la mano fácil aquellos altos ríos?
Nadie tiene memoria del sueño que ponía,
diminuta y suavísima, sobre los ojos míos.

No soy aquél... Acaso me contaron. Recuerdo...
Sí; los pinares hondos, el perro grande, rosas...
No; no era yo. Leían una historia. Me pierdo.
Sólo existe este hombre de hoy entre las cosas.

Sólo existe este trozo de tierra que aún se mueve
y que dice palabras sin cesar y acabando...
Se quedaron los pájaros hundidos en la nieve,
niños, verdes, oscuros, antiguos, esperando...

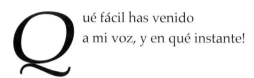

ué fácil has venido
a mi voz, y en qué instante!

Eres tú; te conozco
porque es igual la tarde;

son las mismas las rosas
y está tan claro el aire

como aquel día. Brillan
las copas de los árboles.

Eres tú, verso mío
¡y has venido tan fácil!

racias, Señor, porque estás
todavía en mi palabra;
porque debajo de todos
mis puentes pasan tus aguas.

Piedra te doy, labios duros,
pobre tierra acumulada,
que tu luminosas lenguas
incesantemente aclaran.

Te miro; me miro. Hablo;
te oigo. Busco; me aguardas.

Me vas gastando, gastando.
Con tanto amor me adelgazas
que no siento que a la muerte
me acercas...
          Y sueño...
              Y pasas...

E n un lugar cualquiera
       de la tierra
       muere un día un poeta.

(Se persiguen, volando
por el cielo cansado
del otoño, los pájaros.)

Y ¿qué es el verso?
¿Tiempo
de los hombres? ¿silencio
de las cosas? ¿misterio?

(Cae
la sombra de los árboles.
No la recoge nadie.

Sólo la muerte sabe
que buscan esas aves
por el aire.)

¿Nace un poeta o muere?
¿No serán estas hojas verdes
ahora de oro— siempre?

Tan imposible te has hecho,
    para mí, para tí mismo,
    corazón, como esas hojas
en el otoño amarillo.

Frescas aún y dorando
la tarde, cubriendo el río;
dejándose ir a la muerte
sin saber por qué camino.

Vivas aún; con la hora
sin cumplir, y en el olvido
del aire —sí, como tú—
el verso apenas escrito.

Mis ojos van por estos árboles,
    pájaros tristes del otoño,

desalentados, con memoria
de los verdores más remotos.

Dudan, avanzan, se confunden
entre los círculos de oro;

llegan ahora hasta las últimas
galerías del cielo absorto

para caer precipitados
en el camino frío y hondo;

llevan las alas malheridas
por un antiguo, oscuro plomo.

¿Dónde estarán aquellas sedas
de ayer, aquel aire sonoro?

¿la vecindad de aquellos nidos,
su humilde y delicado trono?

Sé que vendrán miradas, aves,
cuando yo sea sombra sólo

y buscarán entre las ramas
la antigua herida de mis ojos.

¿Hacia qué amor irá la noche?
¿qué luz tendrá la tarde? ¿cómo

caerán entonces en mis techos
las hojas muertas del otoño?

P obre palabra mía,
    anillo limitado,

por donde voy —¡tan triste!—
diariamente pasando.

Di ¿cuándo me contienes,
soy en tus redes algo?

El hombre que te entrego
¿resiste a tus naufragios?

Aguas cerradas, frías,
con mi pasión en alto.

N oche de la ciudad. Dios está cerca.
    Entre tantas orillas
    yo ensayo mis palabras:
son sólo cercanías.

Las miradas, los árboles
se alzan, se acercan, vibran
junto a la noche unánime
donde el verso se afirma.

¿A qué? ¿Por qué? ¿Quién habla...?
En el silencio giran
las estrellas, los nombres.
Dios es Dios en la cima.

Tiene algunas palabras el corazón ardiente
que va encontrando suyas a fuerza de probar
los nombres son ya justos —¿definitivamente?—,
mas qué pobre me encuentro ahora que empiezo a hablar.

Sabiéndolo, he perdido lo poco que tenía.
El tiempo, sin descanso, me ha quitado el tesoro
con que nací a la tarde y al mar y a la alegría.
Es ya un otoño íntimo la gracia de aquel oro.

La soledad me ha hecho ser mi cruel amigo,
un viento contra tanto fácil árbol en flor.
De aquellos anchos campos queda un poco de trigo
y unas irremediables manos de sembrador.

Porque voy hacia la belleza
y no sé desde dónde canto,
y un sólo nombre me sostiene
y una sangre riega mi mano,
se ciega a veces mi sonrisa
y ante un oscuro abismo hablo.
Señor, la forma de mi palabra,
la delgadez con que mi labio
roza las cosas de la tierra,
dime ¿qué son bajo tus astros?
Este mismo cielo de ahora
me ha cubierto de amor. Un árbol
fui, con ramas llenas de vida
entre las alas de los pájaros.
No te miraba, Señor; yo era
como un piedra en tu gran lago.

Tú me arrojaste —desde dónde?—
y yo caí entre los milagros.
Limpias miradas de muchachas,
sol renaciente de los campos,
amistad de las criaturas,
todo fue para mi regalo.
Y dije. Sí. No me preguntes.
Hablé a los hombres y me hablaron,
y conocí el dolor del mundo
y una tarde miré a lo alto.
Y no te vi, Señor, y estabas,
y conducías tus rebaños
donde yo iba confundido,
pero ya por Ti señalado.
Empezaban a ver los ojos,
y a ensayarse en el trigo el brazo,
y a caminar el pie con rumbo,
y a conocer la sal del llanto.
Y la carne de las muchachas,
y la cizaña del sembrado,
las vecindades de los hombres
en sus fauces me aprisionaron.
Canté y te hablé, pero raíces
de la tierra potentes lazos,
me tenían, me sujetaban
a su tristísimo reinado.
Y aparecieron torpes ruinas
allí donde los frescos álamos
ponían sombra al dulce río
tan insistente y entregado.
Es tarde ya para el silencio,
tarde para volver. Te llamo,
grito, Señor, y te pregunto:

¿en qué hondo valle me has dejado?
¿a qué noches de olvido llevas
mi palabra de desterrado?

*E*stoy despierto? Dime. Tú que sabes
cómo hiere la luz, cómo la vida
se abre bajo la rosa estremecida
de la mano de Dios y con qué llaves,

dime si estoy despierto, si las aves
que ahora pasan son cifra de tu huida,
si aún en mi corazón, isla perdida,
hay un lugar para acercar tus naves.

Ángel mío, tesón de la cadena,
tibia huella de Dios, reciente arena
donde mi cuerpo de hombre se asegura,

dime si estoy soñando cuanto veo,
si es la muerte la espalda del deseo,
si es en ti donde empieza la hermosura.

O tra vez —te conozco— me has llamado.
Y no es la hora, no; pero me avisas;
de nuevo traen tus celestiales brisas
claros mensajes al acantilado

del corazón que, sordo a tu cuidado,
fortalezas de tierra eleva, en prisas
de la sangre se mueve, en indecisas
torres, arenas, se recrea, alzado.

Y Tú llamas y llamas, y me hieres,
y te pregunto aún, Señor, qué quieres,
qué alto vienes a dar a mi jornada.

Perdóname si no te tengo dentro,
si no sé amar nuestro mortal encuentro,
si no estoy preparado a tu llegada.

Nacimiento del Arlanza

O h, niño de agua, misterioso Arlanza,
nieto del Duero, entre la piedra cuna
tienes, y entre las sierras la fortuna
de las fuentes clarísimas de Sanza.

Te vi asomar y decidirte en lanza
que va salvando sombras y, una a una,
abre heridas de amor bajo la luna;
frío en tu ardor, sonoro en tu mudanza.

Te vi como me vi, niño que mecen
ramas niñas también, niño que crecen
lluvias, nieves, torrentes en cadena;

como me vi, fuente posible un día,
sin morir en los hombres todavía,
en los ríos mayores de la pena.

*E*sta palabra insegura,
que en mi labio yo quisiera
lograr redonda y entera,
y muere cuando madura,

que alas la luz le procura
a mi frágil primavera,
y en tal poca flor espera
sus otoños de amargura,

esta palabra que nace
donde el hombre se deshace
y es más en lo que más pierde,

os dejaré cualquier día
pensando que es todavía
posible en la rama verde.

No; la noches no es ésta,
pero acaso las puertas...

las puertas de aquel día,
sin llamar, tan heridas.

No; no es ésta la calle,
pero acaso aquel aire...

el aire aquél, temblando
con el pecho y el árbol.

No; no es la voz de entonces,
pero acaso aquel hombre...

el hombre que sostengo,
mi nombre, mi deseo...

No son tus ojos; mira,
creando el mundo, el día
primero...

            Sin embargo,
los prodigios, los pájaros...

No; ya no son las cosas:
ha quedado su forma,
y han quedado los miedos,
la tristeza, el silencio.

Tregua

Y todo se sostiene
sobre el ayer, y muere
sobre el ayer, y sabe
que fue posible antes.

Y vivo, y vives, y amo,
y me amas.

       Sin embargo...

Manantial

Como este agua que brilla entre la arena
y de honda galerías se levanta,
te siento verso mío en la garganta
subiendo de las sombras de la pena.

Yo sé que tu caudal apenas llena
mi corazón donde la sed es tanta,
pero a diario lo rompe y lo agiganta
y al llegar a mis labios lo serena.

Como este manantial, que trae el frío
del pecho de la tierra, y sueña un río
que nunca alcanzará su vano empeño,

así mi verso quiere, diariamente,
llevar al mar el canto de su fuente
y sólo lo consigue desde el sueño.

Oh, mundo mío, mañana mía,
regalo íntimo, manos de Dios,
sobre los hombres, entre las cosas,
junto al sosiego y el resplandor:
Aquí está el árbol y aquí la oruga,
y aquí la nube y aquí la flor,
aquí el camino para los pasos,
aquí la sombra con el frescor.
Baten las alas con otro tiempo,
suenan las aguas con otros son;
no sé qué pájaros van por el aire,
no sé qué arroyo canta aquí, no
sé que ayer próximo va sepultándome
entre sus nieblas el corazón.
Soy un vencido bajo mis armas,
las que me diste un día, Señor:
ojos y labios, manos y oídos,
sangre y aliento, pulsos y voz,
la clara frente de las memorias
y el pecho oscuro de la canción,
todas ardientes y ejercitadas,
hacia la muerte, desde el amor.
Soy un vencido que entre las ruinas
va numerando su desazón...
Pero estos árboles, pero estas fuentes,
pero estas manos celestes...

                                  Yo
quiero ser dueño de lo que era
desde mi oficio de servidor.

Oh, mundo mío, mañana mía,
hoy todo es nuevo bajo este sol;
nacen las cosas en cada sitio

con un inédito primer temblor,
brillan las hojas en cada rama,
mece la hierba cada verdor,
y se acostumbran dulces las aguas
sobre las manos tiernas de Dios.

Sé que beso la muerte cuando beso
tu piel que aloja y vence a la hermosura,
y que el final que mi pasión procura
es lugar de la muerte al que regreso.

Sé que en ti misma acabas, y por eso,
al sentir en mis labios tu madura
forma de amor, mi sangre más oscura
se revela en las cárceles del beso.

Sé que rozo y consigo un sólo instante,
que aire recojo sólo y ligereza
de lo que poco a poco nos destruya.

Y en tu boca cegada y anhelante
sé que te besa toda mi tristeza
y que beso mi muerte por la tuya.

A una campana en tierra

Toco tu bronce aquí, ya derribado
en el silencio, desertor del vuelo,
copa de estrellas del ayer del cielo,
casa de luz de un aire abandonado.

Y va mi mano al corazón que, anclado
en su carne mortal, comprueba el suelo,
como tú, al regresar de tanto anhelo,
mudo después de tanto haber cantado.

Al verte en tierra, es tierra lo que sueña;
no son la nube ya ni la cigüeña
las formas de este pecho donde anida.

Y espera, con la arena por sustento,
que el golpe de los hombres, no del viento,
vuelva a encontrar la voz de ayer perdida.

Sé que en bosques de muertes nos sostienes
Señor, en torpes, derribados leños;
que desde la semana aquella vienes
talando ramas y abreviando sueños;

que aunque nutres el árbol de armonía,
de verdor y ternura y movimiento,
en el quebrado atardecer de un día
abres, cortas en flor. Lo sabe el viento.

Lo dice el viento. Lo repite. Y suenas
en él, Señor, y retumbando creces
olas y nubes, soledad y arenas.

Señor, eres del todo y lo pareces;
nieve final y fuego entre las venas,
muerte y amor: amor de Dios dos veces.

Canción para Antonio Machado

Ibas "soñando caminos
    de la tarde". El sueño era
    lejano panal. La cera,
tu verso. En los altos pinos

la resina era la miel.
"Se canta lo que se pierde..."
¡Cuánta tristeza en el verde
y oro del pinar aquél!

La tierra llevaba un hombre,
y tu corazón, el nombre
de ella. Nadie sabía

que Soria era una colmena,
y tú, el dulzor... Y la pena
todavía.

Qué quieto está ahora el mundo. Y, Tú Dios mío
qué cerca estás. Podría hasta tocarte.
Y hasta reconocerte en cualquier parte
de la tierra. Podría decir: río,

y nombrar a tu sangre. En el vacío
de esta tarde, decir: Dios, y encontrarte
en esas nubes. ¡Oh, Señor; hablarte,
y responderme Tú en el verso mío!

Porque estás tan en todo, y yo lo siento,
que, más que nunca, en la quietud del día
se evidencian tus manos y tu acento.

Diría muerte, ahora, y no se oiría
mi voz. Eternidad, repetiría
la antigua y musical lengua del viento.

ué sosiego de pensar
que Dios vigila en las cosas;

que si ponemos los ojos
en el agua clara y honda,

nos devuelve la mirada
con su mirada remota;

que si ponemos la mano
sobre la arena, la forma

de su mano la caricia
de nuestra mano pregona;

que si perdemos los pasos
por el bosque, entre la sombra,

y la frente se acostumbra
dulcemente en lo que ignora,

nos trae la lengua del viento,
cantando desde las hojas,

palabras que Dios tenía
para decirnos a solas.

SONETOS POR MI HIJA
(1953)

EL MOTIVO

Porque eres tú quien cumple la medida
de mi sueño mortal; porque tu clara
fuente es mi trago ya; porque tu cara
me copia —¡oh, Dios, cuánta inocencia urdida!—;

porque se hace costumbre de mi vida
la flor de tu brazado con su rara
evidencia de carne; porque ampara
más tu desvalimiento, en el que anida

un fuego de mañana, que esta tarde
que soy, donde tu luz primera arde
señalando el camino; porque el beso

tiene un temblor no usado; porque el día
despierta y abre en otra melodía,
he vuelto a hablar, casi a cantar... por eso.

EL HACEDOR

Entra en la playa de oro el mar y llena
la cárcava que un hombre antes, tendido,
hizo con su sosiego. El mar se ha ido
y se ha quedado, niño, entre la arena.

Así es este eslabón de tu cadena
que como el mar me has dado. Y te has partido
luego, Señor. Mi huella te ha servido
para darle ocasión a la azucena.

Miro el agua. Me copia, me recuerda.
No me dejes, Señor; que no me pierda,
que no me sienta dios, y a Tí lejano...

Fuimos hombre y mujer, pena con pena,
eterno barro, arena contra arena,
y sólo Tú la poderosa mano.

LA RESPUESTA

No era tierra del todo aquel que era.
Ahora lo sé, Señor. Gracias, te digo,
gracias por dueño y gracias por testigo
de tanto amor. Si el corazón supiera

cómo crece la hierba en la pradera,
cómo sube la harina por el trigo,
cómo se goza el ala en el abrigo
del nido, o la corriente en la ribera...

Pero la sangre no alcanzaba el día;
golpeando, buscando, padecía
ciega de amor, y siempre te llamaba.

¿Era ésta tu señal oscura? ¿ésta
la respuesta prevista? ¿la respuesta
por la que sin saberlo preguntaba?

MATERNIDAD

> *... si la nave o la vela o la estrella*
> *es tan bella.*
> GIL VICENTE

Como flecha en el arco del arquero,
espiga en los trigales del verano,
palabra en el cantar del hortelano,
tú en su regazo, pero tú primero;

porque en el corazón es más certero
el blanco y no es oficio de la mano,
porque apenas sin ser estás ya en grano,
porque está sin decir tu verso entero.

Y qué ligero el aire por la flecha,
qué dorado el agosto en la cosecha,
qué alta la copla al descansar el brazo...

Pero entre ligereza tan volada,
oro total o música alcanzada,
tú, hija mía, más bella en su regazo.

TODAVÍA EN SILENCIO

Te han nacido los ojos con preguntas,
y sin cesar me asedias preguntando.
Y yo sin contestar... Hija, ¿hasta cuándo
mudos tú y yo: dos ignorancias juntas?

¿Hasta cuándo en silencio irán las yuntas
de tu asombro y mi amor; de mí, temblando,
y de tí, poco a poco, asegurando
música sin palabras...? Sé que apuntas,

en brotes de miradas, rosas rojas
que un día se harán voz contra mi pecho
y tendré con la voz que responderte.

Se turbará mi otoño entre tus hojas,
y las mías serán un vasto lecho
donde al hundir tu pie suene mi muerte.

LA RED
(1955)

LA RED

(I)

Son los hilos aquellos. Se han trabado
mejor —¿mejor?—. Qué dura es la salida
con el mar que amanezca. Y cuánta herida,
y cuánta amarga sal por cualquier lado.

Oh, dedos que la red han anudado;
cárcel de amor doliente y escogida;
vientos esperanzados de partida
cuando todo en el alma ha regresado.

Retorno a la pasión de cada viaje;
arrastro, cargo y hundo mi cordaje
para volverlo a recoger vacío.

Tú en el centro, Señor de las batallas;
yo, gladiador inerme entre las mallas,
y el agua fugitiva, el verso mío.

LA PARTIDA

Contigo, mano a mano. Y no retiro
la postura, Señor. Jugamos fuerte.
Empeñada partida en que la muerte
será baza final. Apuesto. Miro

tus cartas, y me ganas siempre. Tiro
las mías. Das de nuevo. Quiero hacerte
trampas. Y no es posible. Clara suerte
tienes, contrario en el que tanto admiro.

Pierdo mucho, Señor. Y apenas queda
tiempo para el desquite. Haz Tú que pueda
igualar todavía. Si mi parte

no basta ya por pobre y mal jugada,
si de tanto caudal no queda nada,
ámame más, Señor, para ganarte.

EL OFICIANTE

Eres, Señor. Y estás. Y así te vivo
cuando tu nombre hasta mi verso llega.
Entonces soy la tierra que se anega,
y tiemblo bajo el agua que recibo.

Como una miel que tercamente libo,
rebrilla tu palabra entre mi siega
de palabras... Ya sé; la cárcel ciega
de mi mano no es digna del cautivo.

Pero yo te convoco y Tú desciendes;
toco la luz y el corazón me enciendes.
Luego te entrego a los demás, Dios mío.

Puente soy que a tu paso me resiento;
hambre tengo y te doy por alimento,
y abajo, con la muerte, suena el río.

EL DIÁLOGO

Con tus palabras de rezar al cuello,
cerca del suelo la cerrada frente,
un perro fidelísimo y doliente
soy, que busca en lo oscuro tu destello.

Hablas, y tu lenguaje, de tan bello
apenas llega a mi humildad viviente;
pero te sigo absorta y dócilmente
y sé que está mi salvación en ello.

No dejes de mirarme; en mi mirada
verás una escondida llamarada
de un deseo que hacerse voz no pudo.

Llámame como quieras que, por graves
que suenen las palabras, Tú bien sabes
que, aun temblando a tu voz, sumiso acudo.

LLUVIA DE DIOS

Llueve. Tú llueves. Llueve eternamente.
Desde tu entonces, desde aquellos días
primeros ya nos llueves, nos llovías;
estamos en el pecho de una fuente.

Lágrima alrededor que tercamente
nos llora. Y Tú, ¿llorando nos sabías
desde el ayer aquel en que tenías
sol en la mano, estrellas en la mente?
Llueven los ojos; llueven de mortales;
cansados de sentirse manantiales
testigos de un dolor tuyo naciendo.

Y mañana habrá sol sobre los ríos
que hoy llueves, pero ya los ojos míos
lo mirarán y te estarán lloviendo.

LA RED
(II)

Se puede andar, y respirar, y, un poco
más difícil, pero también yo puedo
sentir como una sombra y como un miedo
por esa misma sombra. Y la provoco

cuando no acude. Oh, Dios; el hilo toco
de tu trama. Bien sabes que me enredo
si trato de escapar. Y con el dedo
me sigues... ¿O no hay nadie?... Gira loco

mi corazón sin norte. ¿Qué oscurece
tu presencia?... Yo puedo andar. Parece
que respirar también. Pero, la parte

de la sombra... Ilumíname. Descubre
tu tejido final... La tela cubre
mis ojos. Y estoy ciego por amarte.

NOCHE ANTE "SIETE PICOS"

Te voy a hablar, Señor, en esta hora;
noche sin luna, inesperado encuentro,
círculo en el que estás gozando centro,
midiendo oscuridad hasta la aurora.

Hablo, pero mi voz clama y te ignora;
sólo mi corazón, donde me adentro,
a ciegas te comprueba. Oh, noche, y entro
sin ojos, con mi sangre mediadora.

Sangre que en tanta sombra, en tanta duda,
quiere apoyarse, y derramarse, y muda,
decir para que oigas. Tú que puedes.

Noches fuera y en mí. Dame ya el día,
tu mano y no esta roca enorme y fría,
tu orilla y no la cárcel de estas redes.

EL QUE VUELVE

Tengo a mi alrededor el Guadarrama;
traje aquí juventud y canté un día,
traje llama en la voz, y hasta diría
que pudo arder el mundo en esa llama.

¿Soy el que fui, Señor? Soy el que ama
apasionadamente todavía;
soy la tarde ferviente de aquel día,
soy el que, insomne, como ayer te llama.
¿Qué esperabas de mí, cuando esta sierra
levantaba en mis labios tanta guerra,
tanta pasión vibrando en cada nota?

¡Árbitro, no me acuses! ¡Señor, calla!
El monte, igual: el campo de batalla;
pero en mi corazón cuánta derrota.

EL SONETO

A Dámaso Alonso.

He vuelto a estas paredes donde encierro
la acostumbrada voz de la amargura
y, junto a aquel verdor, la ya madura
fruta del corazón que, a cada yerro,

se duele de la rama en su destierro
y gana cargazón perdiendo altura;
pero, por ser buscada la clausura,
tibio es el muro y fácil es el hierro.

Hablo de tí, dogal, soneto mío,
que, sin talar, aprietas cada ramo,
que, sin cegar, corriges cada río.

Hablo de lo que ciñe y lo que doma;
de una sombra apretada en la que amo
y un ojo arriba donde Dios se asoma.

LA PALABRA

Sientes mi sangre y bien te siente ella
por la senda que voy, palabra mía.
Después de tanto andar, ¿cómo podría
dejarte eternidad en cada huella...?

Ya sé que ere mortal. Y tu doncella
vestidura será memoria un día
sin sombra de verdor... ¡Si todavía
hablaras, oh, por mí, luz sin estrella!

Si pudiera olvidar lo que madura
dentro de tí... Tocada de hermosura
hoy, te miras mañana ya distante.

Voz que en la flor del labio se amortaja,
fuego que una ceniza torpe ataja,
grito que amor me dio para un instante.

EUCARISTÍA

Del bosque del Señor, qué clara y breve
esa hoja de luz, ese alimento
conducido por un ardido viento
que la mano de Dios esparce y mueve.

Nadie soñó que página tan leve
pusiera tanta ciencia en movimiento;
nunca trajo estas alas el sustento,
y nunca este temblor trajo la nieve.
Pero eres Tú, Señor, quien precipitas
esos altos neveros, quien gravitas
en ese pan delgado con que abrasas,

donde forma le das a la hermosura
y noticia en la tierra de tu altura
a la sombra mortal por donde pasas.

LA RED
(III)

Tú y tu red, envolviéndome. ¿Tenía
yo un ciego mar de libertad, acaso,
donde evadirme? ¿O era breve el vaso,
y más corto mi trago todavía...?

No podía ser otro; no podía,
siendo tuyo, escapar. Tu cielo, raso,
sin ventana posible. Y, paso a paso,
yo midiendo mi celda cada día.

Y, sin embargo, libre, ¡oh, Dios! Qué oscuro
mi pecho está junto a tu claro muro,
contándote las penas y las horas,

sabiéndose en tu mano. ¡Red, aprieta!
Que sienta más tu yugo esta secreta
libertad que yo gasto y Tú atesoras.

CARTA A GABRIEL CELAYA

Empiezo lentamente, suavemente, mirándome;
   midiéndome los dedos con que escribo, los nervios
   con que me afano, el seso —¡Jorge Manrique, hola!—
con que pienso, despierto, entretengo silencios.

Y contigo en el fondo para dictarme cosas,
motivos que yo quiero míos, pero que arrancan
de tu holgura de hombre, de tu altura de hombre,
de tu niñez enorme, tu descontento en andas.

Empiezo lentamente, casi sin apoyarme,
casi sin que me duela la voz que va bajando
a la cuartilla, casi diciéndome a mí sólo,
casi sin compartirme, casi en sueño o sonámbulo.

Si hubiera preparado la palabra primera
con que herirte, la mínima voz de las antesalas,
el "¿quién vive?", el "¿se puede?", el "mi querido amigo",
el "oiga..., ¿diga? Oiga ¿está Gabriel Celaya?";

pero he empezado a ciegas, sin comprender, oyendo
a no sé quién, copiando de no sé qué, temblando
entre no sé qué hojas que un bosque disponía,
pisando de puntillas un arenoso campo.

Tenía que decirte —¿o no tenía?—, estaba
ya hablando, confesando contigo desde siglos,
bastaba solamente que encontrara su cuerpo
mi palabra de aire para tocar tu oído.

De puntillas, lo mismo que la menuda lluvia
sobre los ojos; como la muerte a veces, ¿sabes?;
como la vida siempre, naciendo allí en lo hondo;
como un sobrecogido ladrón de intimidades.

Y aquí estoy de repente, desnudo y sin arrimo,
sin volver la cabeza donde consume el fuego
pájaros en bandadas que me oyeron un día
como no volverían a oírme cantar luego.

Aquí estoy en septiembre, año cincuenta y cinco;
aquí, varón de tierra con lazos —¡y con nudos!—;
aquí, turbia materia, caracol que enroquece,
trato conmigo mismo, primer negocio y último.

No tengo nada apenas que me defienda, acaso
saber que nuestro idioma no le importa a la gente,
saber que como un niño manejo vaguedades,
digo sólo sonidos, machaco tercamente

los fríos hierros... Nadie se alarma... "¡Sigan, sigan!"
Y duelen los nudillos, sangran, pero golpean...
"¡Sigan, sigan...!" De pronto alguien dice: "¿Quién llama?"
Y vuelve a sus cerrados interiores... "No era

nadie"... No somos nadie. Este es el privilegio
de nuestro oficio; nadie somos, en nadie estamos;
nos decimos a solas, nos leemos a solas,
con un sólo juguete veinte niños jugamos,

o veinte veces veinte, qué más da; no nos oyen;
gritamos en un valle final y prematuro,
nos decimos con sangre, nos batimos a muerte,
no conquistamos nada, no vencemos ninguno.

A veces alguien lanza su pequeña moneda
desde arriba, sabiéndonos tristes niños hundidos,
niños buceadores que o somos olvidados
o distraemos ocios en los días propicios.

Se gozan cuando miran el cobre en nuestros dientes,
admiran la destreza, luego vuelven la espalda,
y nos dejan jugándonos la vida en la tarea
de mover el silencio de sus inmensas aguas.

Gabriel, Gabriel, te siento nadando a mi costado...
¿no ves qué poco es esto de hacerlo mal o bien,
de aguantar un minuto sin respirar o un año,
de que cuatro nos silben o nos aplaudan cien?

Son los mismos, los otros, ¿sabes?, los no sumidos,
los no contaminados, los de antes de la fruta,
los que dirán "¡Oh, claro, los poetas, yo admiro
a los poetas!"... Mienten; prueban y no comulgan.

Y tú, Gabriel, al lado, creyéndote tan lejos
alguna vez. Avanzas; los llamas más de cerca;
pero yo te lo digo: siempre serán los mismos
los que oigan, ¡qué noria terriblemente ciega!

Y entran los huracanes que sacuden sus casas
bramando por tu pecho, doblando tu estatura,
soliviantando sangre para el amor nacida,
endureciendo labios de vegetal blandura,

poniendo sobra al claro de tus ojos, esquinas
a ese canto rodado de tu humana presencia,
tormenta a tu garganta de nominal costumbre,
espinas al morado floral de tu cardencha.

Y gritas, sí; por ellos, pero siempre la noria
con los mismos forzados, todos ciegos en Gaza,
oyendo o contestando para nosotros solos,
y lejos las columnas, y jamás derribadas.

Te esfuerzas, mueves, pujas; pero siempre la noria,
los estigmatizados pisándose, siguiéndose;
sí, con lenguas distintas hacia una Babel única,
con un remo distinto hacia una misma muerte.

¿No ves que no servimos? ¿que nuestra industria nada
vale? ¿que, aunque propagues tu "nosotros" de amor,
no perdonarán nunca tu singular acento,
tu decir "por vosotros estoy hablando yo"?

Gabriel el de las cartas boca arriba, el del alma
boca arriba, esperando que una lluvia la anegue,
una lluvia que llueva para todos los hombres,
una mágica música que para todos suene;

Gabriel el que ha sabido dar verso a la madera,
el canto claro —a veces, canta tinto, ¿por qué,
si tu verso es de agua?—, Gabriel el del concierto,
solo en tu "solo", solo como todos, Gabriel;

Gabriel el de las cosas como son, como quieres,
desbrozando la selva, ajedrezando suelos,
arquitecto de casas que no habitará nadie,
predicador de todos los futuros desiertos.

Gabriel, nadie te escucha sino para torcerte.
Tú crees que has destroncado tu cisne y no es verdad;
te pedirán más carne, más entrañas al aire,
más palabras cavando su fosa más y más.

Hasta que no te quede de tu hermosura antigua,
de tu ruidoso bosque con asomados nidos,
más que barro espinoso, fábrica de dureza,
no cóncava esperanza ni volador arribo.

Gabriel, por que germine tu semilla no extiendas
su reinado; hay que hundirla serenamente triste.
Habrá un día, sí, un día que no ve ni el poeta
donde tendrás el sitio que ganas, no el que eliges;

el que te estás ganado por gritarte y gritarnos,
por elegir el filo de la navaja abierta,
el sitio tuyo, ¡tuyo! Solo estás, solo eres,
solos nos quedaremos con la soledad nuestra.

Mientras tanto, la noria terca, sonando insomne,
rechinando, creyendo que va subiendo tragos
para los hombres... Nadie contesta, nadie bebe,
nadie quiere el veneno, nadie acerca su vaso.

Niños enloquecidos, garrulería en armas,
extraños Robinsones en nuestra isla oscura,
hemos de conquistarnos para nosotros mismos,
tenemos que volvernos a nuestras catacumbas.

Gabriel, aunque no quieras; Gabriel, aunque te duela
mi vecindad, tú vives conmigo y con los veinte,
o con los veinte veces veinte; total, un pueblo
de un destierro elegido tras un naufragio adrede.

Hoy yo llamo a tu puerta para pedirte un poco
de sal, sal de la tuya que es la que me alimenta,
que es la que me sazona... ¿Cuándo pides aceite
del que yo pueda darte, llamando tú a mi puerta?

Si supieras lo mucho que me ha costado hacerlo...
Cuando todo dormía, he salido despacio,
temiendo que mis golpes no dieran en tu pecho,
que no reconocieras mi toque de rebato.

Sí; soy yo. No preguntes más. Ni por qué he venido.
Sólo quiero que sepas que te oigo en el silencio,
que es noche y hace frío siempre para el poeta,
que estoy solo y te llamo porque he tenido miedo.

EL PARQUE PEQUEÑO
(1959)

Camino ahora ¿de qué mano...?
Hay un río. Hay un bosque. Todo
se vuelve claro. Me conducen
por una orilla verde. Toco
la hierba. Soy un niño triste.
El Duero pasa. Hay un remoto
sonar, cantar. Lejos, la nieve.
Todo es perfecto ante los ojos:
los bueyes lentos en la tarde,
el campesino y el rastrojo,
el leñador y la resina,
el pez, el águila y el corzo.
A mí me llevan... ¿No es ahora?
¿No soy el niño temeroso
de la tormenta, el mismo niño
de aquel llanto, de aquel asombro
ante el dolor, ante la muerte?
¿Y aquella mano que de pronto
desde la rama la soltaron
contra la tierra, sin retorno
posible...? El pueblo se encendía
con el sol. El camino de oro
llevaba a la fiesta, a la caza,
llevaba a la inquietud, al ocio,
llevaba a la ciudad, llevaba
a la vida de cualquier modo;

Pero la mano, aquella mano;
su dureza, su testimonio,
su vecindad y su cuidado,
su abrigo justo, su acomodo
¿dónde están? ¿dónde estás? ¿o eres
la misma mano que ahora toco?
¿Soy yo la guarda o lo guardado?
¿doy o recibo el patrimonio?
¿te llevo o tú me llevas, hijo?
Estos árboles del otoño
¿son aquéllos bajo el Urbión?
¿No sale este patio del fondo
de aquel pinar de Covaleda?
¿no están en él aquellos chopos...?
Ven, hijo mío, padre mío.
Triste es el tiempo, pero hermoso.)

*E*ran éstos la luz y el día?
    ¿éstos el verso y la ocasión?
    ¿la delgadez justa del aire?
¿el preciso golpe de sol?
¿éstos los ojos que han mirado?
¿ésta la mano que escribió?
(La noche está clara y desnuda
después del día). El Parque no
tiene ya pájaros ni tiene
niños; está sola la flor
sobrecogida de la arena
recién jugada. Arriba, Orión
abre sus aspas poderosas.

Se oye levísima la voz
del viento. Suena entre los árboles
quizá como nunca sonó.
(La noche nace como un río
de las manos mismas de Dios.)
Yo miro desde mi ventana.
Yo no rezo ni lloro. Yo
no pregunto ni espero. Miro.
Te sé mirándome, Señor.
(Desorbitadamente quieta
está la noche entre los dos.)
¿Qué mandato el de tu palabra?
¿qué música la de tu voz?
No hay nadie. No, Señor; no hay nadie.
Solo con mi silencio estoy.
Solo contigo. Me das miedo.
¿Y a Ti no te doy miedo yo?
(La noche es una espada fría
que amenaza con su fulgor.)
Luchamos denodadamente
para ganarnos. ¡Cuánto amor
nos dejamos en la batalla!
Los caballos de mi pasión
piafan inquietos en la sangre,
pero tu ejército es mejor.

ELEGÍA EN COVALEDA
(1959)

Después de muchos años, he venido
hasta el propio rincón donde te haces
tierra sin descansar. Nunca hay descanso
para el cuerpo que cae.
Avanza, ahonda, se destruye, pasa
ríos oscuros, cauces,
horas de lucha inextinguible, guerras
sin ruido, horribles vecindades;
se mueve, sí, se deshabita, y deja
fundirse, penetrarse...
He llegado hasta aquí después de muchos
años de andar, y puedo ahora mirarte
frente a frente, de hombre
a hombre. ¿Me ves...? No hay nadie
entre los dos; ni el viento
que apenas roza, ni el dolor que casi
se siente porque viene de otro tiempo
o es tiempo mismo ya.
Te miro, padre,
de hombre a hombre, de muerte
a muerte; sí, de carne a carne.
Porque es igual que tú seas la tierra
de hoy o yo esa tierra ya esperándome
—somos como una caña que en el agua
se quiebra al espejarse,
como dos campanadas sucesivas

de la hora de un linaje:
tú, alejando en la noche tu sonido,
yo, detrás y acercándome—,
porque el cuerpo que se alza todavía
va a durar un instante
de pie; tú me lo dices de hombre a hombre,
de muerto a muerto ya, de sangre a sangre...
Está fresco el pinar de Covaleda
en la mañana grave;
Urbión cuida celoso de su nieve;
unos caballos pacen;
un niño canta, un niño
canta, un niño que pasa canta... ¿Nace
la vida? ¿Empieza todo?
(Todo sigue, Dios mío, entre las márgenes
doradas, bajo el agua que madruga,
sobre la luz temprana de los árboles.
Pero aquí está mi muerto, aquí mi árbol
tendido ayer: el hacha es implacable.)
Te estoy contando... ¿Oyes...?
Soy el desconocido; ya sé. Sabes,
también tú, que soy otro: el extranjero
en esta tierra, tuya de guardarte;
el hijo pródigo que vuelve
cansado, y no hay quién calce
sus sandalias, y no hay quién sacrifique
el becerro mejor... No; nadie sale
a mi encuentro. Tu casa no es mi casa.
Aún menos que tuviste tienes hoy para darme.
("Iré a mi padre y le diré..."
"Y el padre, levantándose...")
Pero ¿qué idioma hablo? Si me escuchas
¿a qué te suena mi lenguaje...?

Hoy que tengo los años que tenías,
los que has tenido para siempre, padre,
me pregunto cómo hice ya el camino
que en ti me parecía interminable.
Un hombre soy, y te lo digo ahora,
como aquel que tú un día completaste.
Y de hombre a hombre —¿oyes?—, frente a frente,
te estoy mirando y en ti estoy mirándome...
Canta un niño a lo lejos, canta un niño
que pasa, canta un niño dulcemente distante.
Voces hay en los pinos que son tuyas,
palabras que dirías descuidándote
para que yo viniera a levantarlas
después de mucho tiempo... Calla. Cállate.
Un hombre hay ante ti ya declinando,
un hombre, prolongándote,
que no conoces ya, que no recuerdas
ya, un hombre como tú cuando cerraste
tu corazón ante sus ojos
interrogantes.
Calla tu asombro; cállate tu miedo
por mí, por mí sin ti, por mí sin nadie.

Me ves buscando apoyo, heredad mía?
Tú y tu recuerdo sois sólo el legado.
Soria es una granada fría y roja
que restalla en mis manos.
Duruelo, Regumiel, Vinuesa... nombres
que casi te acompañan, como astros
brillantes que se van enriqueciendo,
que se van distanciando,

que iluminan un tiempo donde estabas;
sí, diré: donde estábamos...
Salduero, Navaleno... A mi memoria
viene un olor remoto de caballos
que deshacen las olas de la hierba
piafantes y sobresaltados.
Y Covaleda en medio, dura y tersa,
nevada y silenciosa como un claro
de luna, o entreoída como el grito
de un boyero lejano;
un puñado de vida que los hombres
ponen en el "Se hizo" promulgado
por Dios el tercerdía, ya en la víspera
de la hierba y del árbol;
un corazón de piedra entre los pinos
apasionadamente sosegado:
calle delgada con un agua en medio,
hielo que el frio afila en los tejados,
carretera que lleva hacia los bosques,
plaza, frontón, iglesia y campanario...
Hoy he visto la casa de aquel día
último, la cocina baja, el patio,
la ventana –llovía aquella tarde–,
el sitio de la cama. Y he tocado
una pared. Aquí había una puerta.
El niño que en mi anda va acertando...
Pero te busco, si, te busco ahora.
¿Cómo eras? ¿quién eras? Y tus pasos
¿cómo sonaban...?
                    Oigo el río. Oigo
su inaccesible cántico.
Y tú, y tu cuerpo de agua, tan oscuro,
tu grito subterráneo,
sin saber cómo suenan, cómo eran
creciéndose, pasando...

He venido a poner el tiempo en orden,
en carne viva la memoria, en claro
el corazón, aquí en el sitio mismo
elegido por Dios para su tránsito[...]

Yo soy lo que recuerdo, padre mío.
No el que vive y respira, no el que pasa
ahora por tu orilla de silencio;
no este cuerpo de hombre, esta palabra
de hombre; no esta herida que contemplo
dolorosa y cerrada.
Yo soy aquel que tiene mi memoria,
aquel que sabes junto a ti, el que hablaba
siempre desde preguntas; soy la torre
inabatible de mi infancia.
Desde lo alto miro abajo, miro
un hombre, el hombre que yo soy. Qué extraña
la forma de su paso, y esos ojos
cansados ya, y esa frente surcada.
¿Adónde va...? Dios mío, no le dejes
más libertad. ¿Qué has hecho? ¿Que le falta
para acabar? Tú sabes solamente
cuál era la distancia
que había de cubrir. Si remontara
de pronto aquel camino, y le pusieras
en el principio, y le precipitaras
entre las cosas de los hombres
para elegir de nuevo...
                        Oh, no; ya basta
con una vez, con esta vez: la mía,
la preferida y malgastada.
Con una vez. Y en el principio eras.
Con una vez. Y qué desamparada

sin ti. Llamo. Levanto la voz. Nadie.
¿O sí? Oh, sí; un niño, lejos, canta.
Ámale, padre mío, como te amo;
escúchale en la tarde. Canta y pasa;
llena el pinar de música; la nieve,
de tibieza encontrada;
llena de nidos sin coger los pinos;
la fuente, de surgida y grácil agua...
Yo soy lo que recuerdo; estoy viviendo
lo que viviste; estoy salvando el arca
de mi naufragio —a los cuarenta días,
a los cuarenta años, lluvia, paras,
tu fuerza cegadora ante los ojos,
y suelto la paloma, la palabra
que busca el pacificador olivo,
que vuela y vuela, y en su vuelo ensancha
el nombre de mi sangre—, estoy salvando
tu muerte que me salva.
Y este niño, ese niño, tuyo, mío,
desconocido y entrañable, avanza.
Le miro. Voy a él. Yo soy quien eras
tú. Yo soy el legado. Soy la estancia.
Y preparo mi tienda. Y me recuento.
Cuánto te habrás contado, padre. Calla.
Calla tu miedo por los dos. Estamos
frente a frente. Yo sé que en mi mirada
te repites mirando, te sucedes,
te inventas la esperanza...
Puedo seguir, puedo seguir. El viene
Yo tengo un hijo. ¿Es él? ¿Es él quien llama?
¿Desde dónde? ¿Lo sabes, padre mío?
¿No es, ahora mismo, como tú, distancia...?
Viene. Se acerca el mundo. Vibra el día.
¿Es mío? ¿Vuelve...?

        Abierta está la casa.

GEOGRAFÍA ES AMOR
(1961)

DEDICATORIA

A mi hijo

Esto que tienes ante ti,
hijo mío, es España.
No podría decirte —yo no puedo,
al menos, con palabras—
cómo es su cuerpo duro,
cómo es su cara trágica,
cómo su azul cintura, extensamente
humedecida y agitada.
Su pecho, recio y de varón, respira
por las altas montañas;
la suave curvatura del regazo,
femenina, se ensancha
hasta la soledad de las arenas
múltiples y doradas;
los brazos de sus ríos acumulan
venas que acercan las gargantas
oscuras o los verdes valles,
arrancando la tierra, acariciándola.

Esto que tienes, que tenemos
ahora mismo, es España.
Es mía porque puedo
celosamente amarla,
tocar su piel y estremecerme,
mirarme en ella fijo, cara a cara,
sentirme antiguo, envejecer con ella,
o nuevo cada día y estrenarla.

Es tuya porque puedo
con pasión entregártela,
porque me la he ganado sin fronteras;
sin tener que acotarla,
la he traído a mi voz cuando he querido,
como a un oveja que paciente aguarda
el silbo del pastor.
                 No hay quien le ponga
puertas, y yo te invito a traspasarlas.
Mira; aprende a mirar con ella, aprende
a acompañarte de ella, acompañándola.
Tierra de andar y comprobar despacio,
huidiza de tan delgada,
difícilmente bella de tan sobria,
fina y calladamente regalada;
tierra para escuchar como una música,
para no echársela a la espalda.
Cuando puedas, lo digo desde ahora,
lo escribo desde ahora, por si falta
un día en tus oídos
la fe de mi palabra,
cuando puedas, y tengas el pie firme,
y claro el corazón, y abierta el alma,
sal al camino, cíñete la ropa,
hijo mío, y ándala.

El sol se pone para todos. Mira;
ahora lo está ocultando el Guadarrama;
el cielo es como un ópalo, como una
precipitación nacarada;
quedan azules, negras, las tranquilas
honduras de estas navas
que encienden sucesivamente
el racimo esperado de sus casas.
Arriba, las estrellas aparecen
"sin prisas y sin pausas";
se pierden numerosos, los senderos
y en la penumbra se unen las montañas.
Gigantesca, se espuma "La Peñota";
suave, "El Montón de Trigo" se destaca;
afila "Siete Picos" en la sombra
su aguda dentellada;
quiebra "La Maliciosa" bruscamente
su plomiza atalaya,
y allí, en su cascarón de ávida nieve,
se hunde Navacerrada.

Esto que ves, que tienes, que te entrego,
hijo mío, es España.
Digo y escribo, y puede más su nombre
que la mano y la voz. Es como un agua
que desborda este vaso de mi verso
donde quiero encerrarla.
Bebe, hijo mío, bebe; el trago es tuyo,
tuya es la herencia, tuya la privanza.
Sobradamente te dará en los días
su variedad multiplicada.
Tú podrás elegir, como el que hunde
sus manos en el cofre que guardara
un tesoro en el tiempo acumulado,
la joya deseada.

Deja un día a tus ojos que se pierdan
en la redonda vega de Granada;
junto al silencio de sus torres rojas,
oye las fuentes de la Alhambra;
mira Toledo enamorando el Tajo,
el fresco prado hacia la mar cantábrica,
el cielo por los arcos de Segovia,
Ávila en su quietud amurallada,
Sevilla entre jazmines una noche,
Burgos de piedra donde el Cid cabalga,
Cádiz como una nieve mar adentro,
balcón de Tarragona, luz de Málaga,
cúpulas de la nave aragonesa,
orillas de la Huelva aventurada,
minera Asturias con el verde cuello,
Córdoba entre arcangélica y romántica,
Alicante con palmas hacia oriente,
Valladolid con la oración tallada,
coronado León entre los puertos,
Zamora altiva, Huesca pirenaica,
Galicia que la mano de Dios hizo,
rosa sillar nacida en Salamanca,
campos para la flor de Extremadura
donde la encina sin cesar batalla,
Madrid desde el palacio a la pradera,
Barcelona de las Atarazanas,
Valencia de las puertas y los puentes,
Álava señorial, Cuenca encantada,
Bilbao de hierro, Soria junto al frío,
Jaén del olivar, Murcia hortelana,
lejanísimas islas de fortuna,
islas de claridad mediterránea...

¿Ves, hijo mío? El vaso se desborda;
deja a tus labios apurar la gracia.
Esta es mi herencia; puedes hacer uso
de ella y proclamarla.
Lo que te doy en buena hora
que en buena hora lo repartas.

LASTRES

(ASTURIAS)

Canta el mar a mis pies, canta y resuena,
y dice su mensaje apresurado
hasta escalar la soledad del prado
donde otra playa de verdor se estrena.

Se ve en la hondura el oro de la arena,
la sangre de la ola, en el tejado,
y allá, el azul del cielo, traspasado
por la niebla que al monte se encadena.

Amor del que nací, vuelve y empieza
de nuevo donde surge la belleza
y hace jugoso todo cuanto toca.

Corazón enredado, sal si puedes,
o besa entre los hilos de estas redes
la misma sal de aquella antigua boca.

PERLORA DESDE LEJOS

(ASTURIAS)

P erlora, en la distancia, recordarte
es dar al sueño una verdad lejana;
es como oir de nuevo la campana
de aquel mar que florece al golpearte.

¿Qué fábula, qué magia pudo darte
entre el verdor la gracia ciudadana:
una distinta luz cada ventana,
una lanza el maíz por cualquier parte?

Te pienso aquí y te sé en la tierra mía.
Era una vez... Y nadie me creería.
Pero yo te he tenido, y he tocado

tu piel que bajo el cielo se serena:
aquí, Carranques, dos labios de arena,
allí, Candás, como un navío anclado.

ARCO DE MEDINACELI

D onde el Jalón estrecha sus gargantas,
he mirado y te he visto, hermoso puente
para que pase el aire transparente
con todas las estrellas que levantas.

Puerta de la ciudad del cielo ¿cuántas
veces el Cid bajó su altiva frente
por ti amparada? ¡Oh, Roma de repente
que sobre mi Castilla te agigantas!

Soria ya empieza en ti. Voy hacia el Duero.
Puente mis ojos como tú los quiero
para encontrarme en la niñez del río.

Dame el ejemplo tú de tus sillares,
y que al verme de nuevo en los pinares
no se rompa de amor el pecho mío.

DOS RECUERDOS POR MI PADRE EN SORIA
I
PADRE SOLO

Tú, pescador, tú, cazador, por Soria.
No hay mal en estar solo, padre: es bueno.
Estar solo es partir. Dios está lleno
de los solos del mundo. A tu memoria

vueltas de soledad traigo. La noria
sola ha arrancado la palabra al seno
de la tierra, y a veces alzó cieno
por agua, y por metal arrancó escoria.

Pero en la soledad busqué mi puerta
día tras día. Y la tenía abierta
con la guarda de mi ángel, mi demonio.

Ya es tarde para amar la compañía.
Te veo solo, allá, en la Soria fría.
¿Será la soledad mi patrimonio...?

II
SUCESIÓN

*P*orque una noche un hombre llora y tiene
    la amante vecindad de un solo muerto,
    y pide el árbol suyo en el desierto,
y solicita ver de dónde viene,

porque no encuentra nada que le llene
su medio corazón al descubierto,
y goza el otro medio en el incierto
tiempo de amor que crea y entretiene,

porque estos son los montes de aquel día,
padre, y aquí tu muerte todavía
vence sobre la vida que me has dado,

sé que pregunto y es la tierra muda,
que soy el hombre yo sin más ayuda
que la de tu ceniza al otro lado.

CAZA MENOR
(RECUERDO DE SORIA)

*E*stremecidas en el aire,
    las formas puras de los pinos
    daban alarmas al paisaje.

Hundido el pulso. Yo era un río
como aquel río. Era la hora.
Nos encontrábamos los niños.

Dueña temprana de la sombra,
iba mi mano con el agua:
rosa espejada en otra rosa.

Y en los delirios de la rama
sin despertar, eran las aves
el corazón de la mañana.

       *   *   *

El hombre lleva un rayo oculto;
una pasión sin nombre, el perro.
Yo era aquel río. Hundido el pulso.

¿Quién roba al bosque su sosiego?
Sólo sigilos lleva el hombre;
nace la sombra de su cuerpo.

Algo se rompe. Sí; se rompen
los ojos claros de los niños,
las hojas verdes de los bosques.

Era una luz. Tenía el brillo
de las estrellas que cayeron
muertas, al alba, junto al río.

       *   *   *

Iba la sangre por la arena,
por la costumbre de las aguas,
por los cuidados de la hierba.

Todo sería aquella flauta,
aquellas alas de los ángeles
en soledad enajenadas.

Y ahora, el silencio. Quieto el aire.
Volar. Huir. Entre los pinos,
un hombre, un perro, un niño, nadie.

Caza menor. Yo sé de un río...
Mi corazón es aquel pájaro,
tempranamente malherido.

A ORILLAS DEL DUERO

En esta orilla donde, niño, sientes
tu más claro nacer, tu origen frío,
la nevada caricia de tus fuentes,

ancha vena de España, mi alto río,
tu clara voz en mi garganta quiero,
tu propio corazón, dentro del mío.

Rondas de pinos traen de tu venero
un santo y seña de oro castellano
a los álamos verdes de Salduero;

a las tierras de un día de verano
traes tu brazo de amor que va creciendo,
soñándose en el mar su abierta mano,

y vas nubes y estrella repitiendo,
alegrando la sombra en la arboleda,
la tierra dulcemente dividiendo.

Cuando todo es silencio en Soria, queda
tu sangre rumorosa entre los hielos
que bajas desde Urbión a Covaleda.

Sobre ti van los hombres y los cielos;
contigo, peregrina, va Castilla;
contigo van los surcos y los vuelos.

Si pájaros anidan en tu orilla,
brazos hay que levantan su morada
con paredes jugosas de tu arcilla.

Duero de la montaña y la llanada,
Duero de la oración y del sosiego,
Duero de la alta voz precipitada,

en esta vecindad mi alma te entrego,
y a tus ojos de luz madrugadora
doy mi pobre mirar, mi paso ciego.

Yo sé que con la antorcha de una aurora,
mayor de edad y en puertas lusitanas
te han de besar las torres de Zamora.

Ya no llaman a guerra tus campanas;
tu espada, que otro tiempo dividía
a las gentes en moras y cristianas,'

hoy es bajo este sol del mediodía
una lengua que lleva mansamente
por Castilla y León su melodía,

un cristal renovado y permanente
donde la tierra sin cesar se asoma,
donde se entrega sin dudar la fuente...

A Urbión le cubre un pecho de paloma;
deshecho en ti se vuelve mensajero,
y al mar diciendo va, de loma en loma,

que en hombros del amor se acerca el Duero.

CIGÜEÑAS SOBRE EL ACUEDUCTO DE MÉRIDA

*E*ra el verano ya...? Ricas, ingentes,
cuajadas de racimos de luz, dueñas
ya de la misma luz, eran las peñas
árboles casi o levantadas fuentes.

Bebía el mar de Dios los afluentes
vuelos, y batidoras, níveas señas
ponían en los arcos las cigüeñas,
graves, ancladas, mágicas, ausentes.

Digo que parecía ya el verano,
pero la Primavera con su mano
poderosa cuidaba el verde lecho...

Y aún a mí que, cayendo de mi estío,
sentí la piedra del corazón mío
coronada de luz dentro del pecho.

CRISTO DE LOS FAROLES
(PLAZA DE CAPUCHINOS. CÓRDOBA)

*L*a cal es un sudario que parece
amortajar la Córdoba más viva
bajo la luna, porque Dios, arriba,
muerto todas las noches aparece.

Denso, el silencio de la calle ofrece
su homenaje al Señor y, sensitiva,
la luz que en la corola está cautiva
es más medrosa cuanto más florece.

Tallos, lianas, hiedras que se elevan,
quieren llegar al pecho. Sinuosos,
llevan sangre de luz los afluentes.

Que arriba están los ríos más hermosos
abiertos ya para que todos beban
la claridad eterna de sus fuentes.

CRUCERO EN LAS RÍAS

(GALICIA)

Quién pudiera, Señor, serenamente,
alzarse y escalar todos los días
tus pies, como este pecho de las rías
que sube a Ti, y se acerca, y no se siente.

Quién pudiera en el mar dejar la fuente
de la sangre, y copiar los mediodías
de oro y las tardes malva... Tú pondrías
lo demás: una piedra solamente.

Una piedra que acata la dulzura
con que la hiere el agua, y que procura
que su señal nos sirva de esperanza.

Oh; ser el mar y descender cantando,
y llevarte en los ojos, renovando
la sal que te desea y no te alcanza.

GALICIA BAJO LA LLUVIA

(CANTO POR ROSALÍA)

Llueve... Susurra el agua al Noroeste;
cierra la azul herida de la ría
haciendo carne en el verdor. Desde este

fin de la tierra hay algo todavía:
el mar, el mar, que clama, irrumpe, avanza
entre la lluvia. Llueve, Rosalía...

Llueve, sí, por Laiño, y cada lanza
del agua sus prodigios distribuye,
soñando lejanías que no alcanza.

Y llueve por Lestrove, y no concluye
jamás el diminuto y terco paso
del agua que entre sombras pasa y huye.

¿Dónde, Señor, el alba y el ocaso?
Es la hora del agua. El aguacero
remonta el aire y rompe allí su vaso.

Y los labios de Dios en el crucero
se mojan ya y agotan cada trago:
hecho pájaro, bebe en el alero

del tejado de Samos, y en el lago
de Antela, donde el valle se dilata,
y en las torres iguales de Santiago.

Se hace de luces ya, se hace de plata
la firme soledad de cada piedra
que gracias vegetales arrebata

por la fácil escala de la hiedra
y logra este gran trébol de fortuna:
Coruña, Orense, Lugo y Pontevedra,

cuatro miradas de nostalgia en una,
cuatro huellas del ángel descendido,
cuatro frases de amor bajo la luna...

Y llueve, llueve... Estrellas han hundido
en la ciudad los suelos-alabastros...
La vaca roja; el pájaro en el nido;

la caña de maíz, y por los astros
la luz de Dios, llovida y enviada,
haciendo pie en la almena de los castros.

Entre la lluvia, el mar dice: "No hay nada
como esta tierra que me toma y tomo".'
Y el hierro del arado por la arada

con el terrón lo habla, y el palomo
lo repite, y lo canta la campana.
Y el cielo, el aire, el río, dicen cómo

la luz llega a Galicia en la mañana
y todo lo conmueve cuando llega,
cómo el ganado va al agua temprana,

cómo el silbo lo esparce y lo congrega,
cómo el pastor ataja con la honda
la distancia del monte hasta la vega,

cómo la yunta, coronada en fronda,
también va a la labor tempranamente,
y cómo todo es paz a la redonda...

Pero, mañana, el sol. Hoy, dulcemente
llueve, y en un fanal Galicia sueña,
y, desde el Miño al Eo, largamente,

va entregándose al mar. ¡Y es tan pequeña
ante su inmensidad...! Doncella y breve,
se recata en la niebla y no se enseña,

avanza el pie sobre la espuma leve
y regresa a sus tronos de verdura.
Llueve en Galicia, Rosalía, llueve...

Como un pájaro herido, pierde altura
el cielo; el ala gris todo lo encierra
y, entre el vuelo del ave, es aún más pura

la piel jugosa, extensa de la tierra.
Baja el agua a la hierba y a la caña,
pone el arroyo con la orilla en guerra,

se detiene en la cruz de la espadaña,
alivia a la carreta en el camino
y, rodando en la rueda, la acompaña;

mil agujas enhebra en cada pino,
en el castaño mil espejos deja,
y es tan reciente el verdeante lino

como antigua y eterna la madeja
de la lluvia... La lluvia, Rosalía.
¡Qué tierna y qué insistente en su conseja!

¿Qué cuenta? ¿Sabes tú qué melodía
trae? ¿qué recuerdo y de qué hora?
¿qué intensa rosa de melancolía...?

¿Habla de amor? ¿de aquella pescadora
que a la orilla del mar sus sueños vela?
¿o de aquella pasión madrugadora

del mozo con el alma en cada estela
del agua? ¿habla del irse a mar abierto
o del siempre quedarse en Compostela?

¿del gozar de la vida en cada puerto,
de las sirenas encantado naves
o de los golpes de tocar a muerto...?

La lluvia, Rosalía... Tú ya sabes
que el campo de Galicia tiene puertas
y las gotas del agua son sus llaves;

que no hay vallas más altas ni más ciertas
que estos lienzos sutiles del orvallo
ni hay ciudades del aire más desiertas...

Un jinete cabalga. Y su caballo
música de la tierra arrebatada
con el agua levanta. Cuando mayo,

aquí mismo, amarilla y encarnada
saldrá la flor, y viva en la ladera
renacerá la huerta bien sembrada;

tú sabes que la lluvia es miel y cera,
sabes que es fruta bajo el sol ardiente,
tú sabes que la lluvia es primavera;

niñez en las montañas, en la fuente,
venero donde el labio se repara,
y sangre que se agita, en la corriente.

Es o será; que el tiempo aquí se para
y es la mano de Dios la que sosiega
el campo, y su caricia quien le ampara.

Será. Porque en la casa solariega
todavía impacientes los lebreles
rebullen bajo el agua que la anega.

El agua, Rosalía, en los cuarteles
del escudo de piedra, Rosalía,
el agua en el lanzón de los laureles;

el agua que se pierde y que se guía,
el agua que tan cerca del mar vive
y es dulzor y alimento todavía...

Tú sabes con qué pluma nos escribe
las líneas prodigiosas de sus ríos
y los lleva hasta el mar donde recibe

sus pechos claros y sus brazos fríos,
"que es el morir". Y allí la lluvia empieza
de nuevo a ser. Y vuelve a los estíos

y vuelve su cernida fortaleza
a lograr las Galicias invernales.
Y al hombre que maldice y al que reza,

bajo el nombre de Dios, gracias iguales
otorga, entrega, sin cesar derrama:
tanto llueves, Galicia, tanto vales.

Llueve en los ojos, llueve. Y el que ama
el sueño un sueño ve en la lejanía.
La lágrima de pronto se hace llama,

arco tenso de luz, y parte un día
con la mirada atenta y anhelante
de verse en otro mundo. Rosalía,

es el arco de fe del emigrante
que tiende sobre el mar su pobre escala
hacia la hermana tierra, tan distante...

El pájaro está herido, mira. El ala
tiene plomo. Y se acerca. Y se estremece.
Llena su pluma la ciudad, la sala

del aire y en el aire se adormece
su corazón. Le sirven de consuelo
los árboles y el viento que los mece.

Rosalía, la lluvia es don del cielo.
Tú lo sabes, y gracias te han mecido
también como a ese pájaro en el vuelo

y te han dado también el mismo nido.

NUEVO CUADERNO DEL GUADARRAMA

"LAS PEÑAS"

(LOS MOLINOS)

Quién ha pasado? ¡Oh Dios, yo quiero
saber quién ha pasado ya!
¿Quién ha cantado donde canto?
Todo podría ser igual.
Aunque los hombres amen, mueran,
pasen de nuevo este camino,
aunque repitan mis palabras,
todo podría ser distinto.

Si ahora yo pido que me hable
el Dios de tanta inmensidad,
le habrán pedido tanto otros...
Todo podría ser igual.

Altas montañas presidiendo
ávidos sueños sucesivos,
aunque os canséis de tantos ojos,
todo podría ser distinto.

Toco esta piedra enriquecida
de su ternura mineral.
Antes ¿te habrán acariciado...?
Todo podría ser igual.

Pero tu amor, tierra de ahora,
la de este instante en el que vivo,
quieras o no me pertenece.
Todo es igual, pero distinto.

MEDIODÍA EN LA CIMA

Te llega bien desde aquí
mi oración, Señor? Estamos
solos los dos. Nos miramos,
pero Tú me ves a mí

mejor. Yo ciego, persigo
aquella nube, aquel prado,
aquel camino dorado
por si me encuentro contigo.

He subido al mediodía
escalas del Guadarrama
para arder en esa llama
donde arde el monte. Tenía

una palabra en la boca
para decir, pero aquí
me la están diciendo a mí
labios mudos de la roca.

Ya soy silencio, Señor,
en la montaña también,
piedra dejándose, bien
hallada forma de amor.

EL VERSO EN LA MONTAÑA
(SAN RAFAEL)

e dan vergüenza...
Estos versos que escribo
me dan vergüenza.

Total, para que un día
alguien los lea.
O ni siquiera eso,
ni siquiera.
Estos versos, mi niño,
¿sabes tú
para qué los escribo?

(¿Y esa flor del romero,
sin ojos que la miren,
sola, diciendo...
¿para qué sirve?)

Total, para que nadie
venga y los lea,
mi niño,
¿para qué valen...?

Me dan vergüenza.

CORPUS CHRISTI Y SEIS SONETOS
(1962)

CORPUS EN TOLEDO

Fue aquel día. Aquel niño fue. Tendía
sus lienzos, en el sol, el sol. Estaba
quieto el río, lentísimo, yacente;
enhebrando los puentes, muelle, el agua.
Castillos a la escucha. Ay, ¿hacia dónde?
Enhiesto San Servando, áureo Galiana,
torres con el gran tiempo recogido,
patios de soledad, cifra almenada
Fue aquel día, aquel día. Puertas graves
y lúcidas abrían su mañana.
Fue aquel día, Señora de los Valles,
al otro lado del milagro alzada;
aquel día, Jesús sobre la Vega,
que la mano de amor desenclavabas;
aquel día con rosas de Casilda,
con oros de Ildefonso en las espaldas,
con la piedra de luz ante su Cristo
por los cascos del potro resbalada...
Fue aquel día. Y yo, niño, conocía
por vez primera a Dios. Y comenzaba
el misterio, el encuentro; oh, sí, esperado
con la indecisa claridad del alba;
ya en el lecho despierto, ya vigía
de Dios, entre la sombra la mirada.

Entró la luz, y yo labraba cuna,
tela tejía, templo levantaba,
mesa cubría de ávidos manteles,
alimentaba en el hogar la brasa.
Fue aquel día teniendo todo el pecho
con un trigal naciente; toda el alma,
como un bosque de innúmeros caminos
y en la umbría, la miel ensimismada;
un bosque traspasado de resina,
un bosque con la hundida y fácil agua,
un bosque con los nidos palpitantes
y con la verde hierba intimidada.
En mí tenía a Dios por vez primera:
Dios origen, anuncia, forma, causa,
Dios quebrado por mí, para mí entero,
clave de la infinita resonancia,
secreto de mi paso entre los hombres,
senda para mi pie facilitada.
Fue aquel día, y quemaba Dios delgado,
Dios vecino, mi Dios que en Sí se estaba.

Tenía yo en el tiempo, por fortuna,
la redondez frutal de aquella plaza.
Veía mis balcones en el aire
como una exaltación, una atalaya
para mirar a Dios desde su altura,
al Dios que descendía y se entregaba.
En el azul intenso algunas nubes,
portadoras de Dios y navegadas
por Dios, hacia mis puertos de ventura
dirigían su quilla inmaculada.
Era Zocodover un crisol vivo;
las calles, de violeta, despeñaban

ríos de sombra de las altas velas
—Toledo era una nave empavesada—,
que, heridas por el viento, dulcemente,
unían los tejados de las casas.
Todos los mediodías, estallando
de luz sobre la luz, se arracimaban;
todas las gracias de Toledo iban
pidiendo a Dios su apetecida gracia,
buscando a Dios, rendidas y tremantes,
soñando a Dios, humildes y unitarias.
Un arco, el río, con la plata viva;
una razón, la catedral flechada;
una paleta de amarillos cálidos
el Tránsito que el Greco transitaba;
un peto de guerrera piedra altiva
por los estribos y el arzón de Alcántara;
por San Martín, un cigarral bajando,
cantando y desgranando sus cigarras;
un momento posible de la espuma
jugando por los Baños de la Cava;
por San Juan de los Reyes, las cadenas
sueltas de amor y desencadenadas;
por los ojos del Tajo miradores,
el Miradero abriendo sus acacias,
y en las hoces, que al cabo se extendían
hacia las tierras rojas de la Sagra,
versos de Garcilaso sosegando
precipicios que Góngora cantara...

Fue aquel día, aquel día. El niño mío,
el niño yo, niño anhelante, estaba
sobresaltando de pasión las cosas
de la tierra de Dios, por Dios. La guarda

del corazón montaba su vigilia
y por los pulsos se me esperanzaba:
guerrero en una arena sin contrarios,
esperaba impaciente la batalla;
mesnadero de Dios, iba gozando
de mi mesnadería y mi mesnada.
El niño que yo era se sabía
niño de Dios y, entre la gente, el ascua,
el incendio de Dios iba creciendo
y en sus lenguas ardientes me estrechaba.
Allí estaba el Señor. La calle era
la residencia que Él glorificaba.
¿Qué hora puntual de Dios iba en mi pecho
creciéndome la fe entre campanadas?
¿Qué silencio del mundo quieto en torno?
¿Qué acogimiento en lo que contemplaba...?
Pasaba Dios; pasaba el árbol mágico
de la casa de Dios. Dentro, Él estaba.
El artificio escalador del oro
se sucedía y se multiplicaba;
se dividía para hacerse mínimo
cerca de Dios con su oración tallada.
Porfiados encajes de columnas
ascensiones en flor se disputaban;
todo el deslumbramiento no podía
entenebrar la cereal crisálida.
Dios era Dios; bullía entre los oros,
nacía entre los oros, derramaba
sobre los hombres gratuidad. Dios era
Dios. Veía en mi Dios arder la llama.
Dios era Dios, y dentro de mi pecho
todo su incendio se justificaba.

¿Fue aquel niño, Toledo? ¿Es aquel niño
de ayer el que hoy pregunta, espera, pasa
junto a este amor que Tú, sobre los días,
creces, esparces, amaneces, lanzas?
¿La ciudad elegida, permanece
—Puerta del Sol y del Cambrón, Visagra—
cerrando, custodiando lo guardado
entre las primaveras renovadas...?
Y este hombre, mi Dios, y este Toledo,
heridos en el tiempo, di, ¿te cantan,
te tienen, como entonces, cobijado?
¿Qué es un hombre ante Tí? ¿Y un niño que habla?
Pasas de nuevo. Naces, oh Dios, siempre;
Niño Dios, Hombre Dios, sin cesar, pasas.
Junio va hacia un estío toledano;
son las doce de Dios en esta plaza.
Se abre mi corazón entre las ruinas
—oh, renacidas torres del Alcázar—;
libre mi corazón encarcelado
—oh, salvadora fe de Leocadia—;
vuelve a las venas el temblor antiguo,
vuelve la sangre que perdí —Posada
de la Sangre, mi Cristo de la Sangre:
crucificada orilla de mi casa—,
y la voz que nació con aquel día
vuelve con aquel día a la palabra.
Dios está aquí. Mi Dios aquí me encuentra.
Dios está aquí. Yo soy el que aquí estaba.

HOMBRE JUNTO AL TAJO

Cuántas veces, orillas de otros ríos,
aguas como estas aguas, lentamente
han dejado vagar por su corriente
los claros sueños de los ojos míos.

Por otoños e inviernos, por estíos,
por primaveras, con la vida enfrente,
alzaba hacia la luz, calladamente,
las ramas de mis árboles sombríos.

Siempre hay un agua lenta, acompasada,
que acerca con la curva de su espada
una esperanza en que el amor se esconde.

Así tú vuelves hoy, oh espada rota,
la delgadez de mi niñez remota
y un cielo que he perdido no sé dónde.

AMIGOS DE LA INFANCIA

Son todos vuestros años la denuncia
de mi tiempo en la tierra, amigos míos,
orillas que recuerdo, deltas, ríos
donde el acabamiento ya se anuncia.

No hay elección posible; no hay renuncia
posible. No hay regreso de estos fríos,
aunque busquen los tristes ojos míos
la niñez que en los vuestros se pronuncia.

Y no soy yo. Sabéis que el retratado
es otro. Os esforzáis en ver copiado
aquél que fui en el aire de Toledo.

No busquéis más. No me miréis. Os pido
que ceguéis en las sombras del olvido,
ojos que me asustáis desde mi miedo.

CIRCUNSTANCIA DE LA MUERTE
(1963)

COPLAS POR JUAN RAMÓN JIMÉNEZ EN EL ANIVERSARIO DE SU MUERTE

"En verso y prosa, los buenos pies,
pie de romance octosílabo..."

J.R.J.

Pies de ocho sílabas, dices;
pie de romance octosílabo.
Pero, pies ¿para qué os quiero
a esta altura del camino?

Manos son las que nos duelen
por todo lo que han tenido,
por todo lo que estrenaron,
por todo lo repetido.

Juan Ramón, loco de luz,
viejo loco amigo mío;
de tanto amor, dando vueltas
al amor sobre ti mismo.

¿Quién mira lo que has mirado
con tanto afán de infinito?
¿qué carbones sustituyen
hoy a tus ojos extintos?

De una mano, de un pie sólo,
tenías a Dios cogido,
de una minúscula "d",
pero igual en su sonido.

Ocho sílabas me pides;
con ocho sílabas digo:
"Loco ¿dónde estás ahora
alienado, alejadísimo?"

Vamos contando, cantando:
Narciso, tú; yo, narciso,
y el agua a los pies se rompe
cuando te miras, me miro...

"Aún hay otros", te decían.
"Habla por ellos", me han dicho.
Y tú, solo entre los solos,
y yo, entre todos, solícito.

Malos pies, buenos pies, verso
libre, terco endecasílabo.
Da igual. La "D" es lo que importa
con su peso enorme o mínimo.

Pobre tú, pobre yo, pobres
de ocho por tres veinticinco;
pobres de solemnidades,
más pobres que el propio rico.

Pies que el alma acostumbrasteis
al cantar intransitivo;
pie quebrado, alma quebrada;
luego, pan repartidísimo.

Yo que aprendí tu balanza
—un brazo, en tierra, preciso,
y el otro, arriba, tanteando
el peso desconocido—,

te estoy preguntando, ahora,
cuando por pies has salido,
si tu "d" o mi "D" te han puesto
paz en el otro platillo.

ORACIÓN POR LEOPOLDO PANERO EN LA ERMITA
DEL CRISTO DE GRACIA

B usco tu compañía en esta ermita
   donde he entrado a rezar por ti, tocado
   de soledad, herido y asombrado
por todo lo que un golpe precipita.

Y tú no estás. ¿O no era aquí la cita?
Estoy solo. Pasaba. Me han llamado.
Y era tu voz; la voz del desterrado
que en el desierto del poema grita.

Torre de hombría, paz andante, lumbre
cautiva, acostumbrada pesadumbre:
¡cuánto valor sin sitio y tan aparte!

Rezo sin entender... ¿Cómo podía
haber sido...? En la Cruz, Él me decía
que lo mejor estaba de su parte.

LA HORA UNDÉCIMA
(1963)

*E*ra como la espalda de la amada,
que se aleja un instante —para siempre—
y es de dos todo el aire todavía
que en la distancia la retiene.
Y queremos llamar, y las palabras
sabidas no obedecen...
Sí; era como la espalda de la amada,
donde ya se ha hecho tarde, donde crece
la sombra de la tarde, donde el día
se gusta aún, y no puede
volver... Era la espalda acariciada...
¡Adiós! ¡Adiós!... Y sólo el viento tenue,
en las ramas movidas, contestando;
sólo las manos juntas, confidentes,
contestando, perdiéndose...
¿O era el niño de oro, caminero,
allá, entre los olivos...? (Una fuente.
Batres, el triste adobe ante el castillo;
señoríos hundiéndose.
Garcilaso, del pecho bien herido,
y no de amor la muerte...)
El niño mira, sí, nos va mirando,
nos acecha, sostiene
nuestros ojos; nos mira combatiendo
y se sabe más fuerte...
¿Era el niño de Batres que miraba

—y fue un momento solamente—,
aun mirando, mirándonos y dándonos
de su pan, de su suerte...?
¿Era el niño apoyado en unas piedras;
comiendo en unas piedras; suficiente
de luz, bien asistido
de la luz...?
       Y no entiende
la sed de pronto alzada como un lobo,
la envidia con la lágrima, los dientes
con los dientes.
       Amigos de aquel día,
¿visteis algo en mis ojos?, ¿se presiente
la luz?, ¿se ve la luz al mismo tiempo?,
¿puede alguien compartir la luz?, ¿beberse
la luz con los demás...?
       Miraba el niño
a no sé qué praderas mías, verdes
todavía; sus puños diminutos
golpeaban mis paredes
de silencio, mis piedras de abandono,
mi cegada colmena, la simiente
del corazón, allí, entre la cizaña,
perdida, malcreciendo, confundiéndose...

Digo, quiero decir, que era la espalda
de lo que nos vacía y nos devuelve
a un reino en que los solos gritan solos.
Digo, quiero decir: junto a la fuente
de Batres, una tarde había un niño
comiendo de su pan, y yo fui huésped
de su casa, invitado de su mesa,
y vi una enorme mano sosteniéndole...
Y me volví, desalentado y solo,
ciego de luz ante la luz hiriente.

Porque pasaban horas y horas, días
y años. Y horas otra vez. La rueda
de la llamada en torno, la acuciante
voz viva, urgente, fraternal y fresca...
Sólo el que era llamado oía, iba
sin vacilar a una invisible puerta.
Fueron los elegidos con el alba,
los primeros del día, los que eran
el más limpio renuevo, el más seguro
balcón a las tinieblas.
Y a la voz incansable y reiterada,
con la hora de tercia,
pasaron otros, y otros, y otros luego.
Y a la hora de sexta,
otra vez. Y después, a la de nona,
salió el señor y fue llamando. Terca
su voz; su conducción, puntual y unánime;
por hacer todavía su faena.

Pasaron los ociosos, los remisos;
pasaron, agua arriba, torpes velas;
pasaron por el ojo de la aguja
caravanas enteras.
Y los tristes del todo, y los absortos
por todo, y los de fuego, y los de cera,
y los de hierro, y los de miel, pasaron.
Y los de hambre pasaron...
                              La tarea
iba a acabar... El día terminaba.

Se agotaba la luz. En las vidrieras
del corazón, la sombra de los últimos
llamados completaba la cadena...
Eran ya las pisadas —oro, sangre—
la ahogada voz de una campaña en tierra.
Quedaban en los ojos los radiantes
desfiles de la púrpura y la seda,
el arrastrar de la sandalia rota
y el pesado doblez de la estameña.

Pero miraba el ciego. Y escuchaba
el sordo, el no llamado, el que no era
ajustado, el que holgaba todavía.
No adivinaba, allí, quieto en la piedra,
solo en la plaza, solo ya en la tarde,
quién pudiera pasar, ni quién pudiera
llamarle aún, ya casi terminado
el día; el sol cayéndose en las cercas
de los prados, subiendo por los arcos
de la plaza vacía, abriendo brechas
de sangre entre la cal, cuando el cordero
vuelve al redil, y el asno se libera
junto a la noria...
                              El hombre se miraba
solo en la plaza, ante la luz extrema;
vacío y solo allí; los soportales
adelantando ya una noche eterna...
Miraba en torno... Y nadie...
                              Y, todavía,
una posible voz en la hora undécima.

En la sombra sin nadie de la plaza,
la espalda de la amada y su silencio;
en la sombra sin nadie de la plaza,
aquel niño de Batres, mudo y quieto;
en la sombra sin nadie de la plaza,
mi hijos, solos, vadeando el sueño...
Y han pasado las horas, y las luces
distintas; los videntes y los ciegos
han pasado —la plaza está vacía—;
los torpes han pasado, y los despiertos,
y los del pie descalzo y la sandalia
rota; los de la cera, los del fuego,
los de la miel, los del dolor pasaron...
La plaza, sola. Un hombre, solo, en medio.
Del señor que llamaba, apenas queda
una huella levísima en el suelo.

Se detuvo en la arena como si algo
le faltara. Miró a su espalda. Luego
llamó otra vez. Y otra. Y todavía
otra. Pero ya nadie oía; pero
nadie abrió los balcones, las ventanas,
las torpes barricadas de su encierro.

El hombre, el hombre, qué delgada ruina,
qué abdicación, qué torre sin cimiento,
qué nube hacia otras nubes deshilándose,
qué carbón imposible hacia otro fuego.
El hombre, el hombre, el hombre, el hombre, el hombre,
qué redoble de letras en un cuero
rajado, qué bandera mancillada,
qué cristal defendiéndose en el cieno,

qué fuerza para nada, contra nada,
qué rama malherida por el viento,
qué triste perdidizo en la tristeza,
qué soledad en soledad naciendo...
El hombre, el hombre, todavía el hombre;
yo, el hombre, ya lo he dicho; yo, en el miedo
de un bosque, en las fronteras de una isla
—el agua junto al pie, y el alma al cuello—;
yo, el hombre, sí, yo mismo, yo, más solo
que tú, hombre como yo; tanto o más lejos
de la verdad que tú; más horas, años
esperando que tú, o acaso menos,
o acaso más...
        Oh, qué torpeza el hombre;
oh, qué locura el hombre; oh, qué destierro,
qué cueva sin salida, qué raíces
sucias de tierra, qué turbión, qué dédalo,
qué picador en lo hondo de una mina
sin la luz encendida del minero...

El hombre, yo, lo he dicho ya, creía
que siempre habría más, que habría tiempo
para más... ¿Para qué, niño de Batres?
¿Para qué que no sea tu silencio
junto al pan en la tarde; con tus ojos
volcados en la nada, en Dios inmersos?...
El hombre, yo, junto al girar del cántaro,
que busca sin descanso, aquí, en el centro
de la plaza, a la orilla del arado,
o en el arado mismo, junto al hierro
resplandeciente de la vertedera,
¿está definitivamente ciego?...

Vas a pasar, Señor, ya sé quién eres;
tócame por si no estoy bien despierto.
Soy el hombre, ¿me ves?, soy todo el hombre.
Mírame Tú, Señor, si no te veo.
No hay horas, no hay reloj, ni hay otra fuerza
que la que Tú me des, ni hay otro empleo
mejor que el de tu viña...

                 Pasa...

           Llama...

Vuelve a llamarme...

              ¿Qué hora es? No cuento
ya bien. ¿Es la sexta?, ¿la de nona?,
¿la undécima? ¿O ya es tarde?

            Pasa...

               Quiero
seguir, seguirte...

        Llama. Estoy perdido;
estoy cansado; estoy amando, abriendo
mi corazón a todo todavía...

Dime que estás ahí, Señor; que dentro
de mi amor a las cosas Tú te escondes,
y que aparecerás un día lleno
de ese amor mismo ya transfigurado
en amor para Ti, ya tuyo...

           El ciego,
el sordo, anda, tropieza, vacilante,
por la plaza vacía.

        Ya no siento
quién soy. No me conozco...

           ¡Grita! ¡Nómbrame,
para saber que todavía es tiempo!...

Hace frío...
        ¿Será que la hora undécima
ha sonado en la nada?...
             Avanzo, muerto
de impaciencia de estar en Ti, temblando
de Ti, muerto de Dios, muerto de miedo.

Yo soy el hombre, el hombre, tu esperanza,
el barro que dejaste en el misterio.

Porque eres Tú el amor. Y nadie ayuda
a librar la batalla. Surge, muda,
ciega, una sombra cerca... ¿Es el amante?

¿O es el mar del amor, donde se acaba
todo el caudal que la pasión llevaba,
bebiendo eternidad en un instante?

MEMORIAS Y COMPROMISOS
(1966)

COMPROMISOS ANTIGUOS

Tengo algunos compromisos antiguos de los que quisiera liberarme ahora recordando.

Por ejemplo aquel con el niño pobre y no sé si mi amigo de Covaleda solo y rubio ralo de pelo atento ante la nieve y nuestra puerta haciéndome envidiar su rueda fresca con la llanta de corteza oscura y el corazón amarillo hecho del tronco de un pino joven serrado limpiamente.

O aquel con el perro que vigiló la muerte de mi padre y se quedó luego mucho tiempo terco y gruñendo bajo la caricia temblorosa en el mismo lienzo que sostuvo la caja mirándome hondo y transparente y acuoso mejor que yo le miraba.

O aquel con el asistente de mi tío a quien daba vergüenza mirar a las criadas y quería compartir mi tristeza poniéndose muy serio después.

O aquel con la niña a quien quise regalar un frasco de colonia que cogí vacío no sé dónde y que me llenaron en la droguería mientras yo apartaba los ojos del suceso y sobraba un poco y yo creo que dije no importa y luego no se lo di a ella porque quedaba triste y feo en el estuche viejo con tiempo y polvo entre el terciopelo rojo que no fui capaz de adecentar.

O aquel con el titiritero de largo cabello nazareno de cuya sangre espesa huí asustado y con asco porque le salía de la boca.

O aquel con el muchacho que forcejeó conmigo en lo alto de una peña cerca de San Servando por evitar que yo colocara la bandera pirata mientras otros le arengaban desde lejos y se dejó vencer yo sé que se dejó en el momento justo.

O aquel con la morena bailarina delgada en la escalera del carro de la feria son-
   riendo apenas cuando yo pasaba después de las clases de la tarde y un día
   separando la cortina con los dedos pintados cerca de la cama donde dor-
   miría y se alejaba.

O aquel con el librero de viejo que después que otros dos se negaron aceptó los
   libros del curso ya aprobado y me dio unas monedas y mi madre esperaba fuera.

Tengo algunos otros compromisos antiguos de los que no me acuerdo y de los
   que entonces sé que no podré nunca liberarme.

SÓLO UNA FRUTA

Mis hijos son pequeños todavía.
Diariamente, en la mesa,
llega la hora de la fruta,
y tengo que pelar una manzana
o una naranja.
Yo tengo prisa por terminar de comer.
Para mí la mesa suele ser una obligación
no demasiado grata.
Pienso que pierdo el tiempo
pelando esta manzana que miro silencioso.
Pero tomo el cuchillo y en seguida mi oficio
cobra una dimensión de no sé qué importancia.
(Me acuerdo de aquel jefe que tuve
hace ya muchos años.
Era muy alto, y me parecía
menos hostil que otros.
Allá arriba, en las sienes, le brillaba
el blanco cabello inicial
como a ciertos artistas de cine

de tópica atracción entre muchachas
aún adolescentes.
Tenía yo entonces poco más de veinte años.
Y él hablaba así —mientras yo escuchaba—
con otros compañeros:
"Yo creo que el hogar
es sentarse a la mesa diariamente
y pelar fruta para cuatro"...
Otro día se murió;
sí, joven todavía.
Y cuando me dijeron que había muerto
yo solamente pensé en la mesa enorme de su casa,
sola con unos cuantos frutos
esperando aquel ademán cotidiano
y un débil malhumor que ya no volvería.)
Ahora, todos los días
tomo el cuchillo, y tengo
que pelar la manzana o la naranja.
Me molesta, me aburre.
Siento que pierdo el tiempo,
que debo levantarme de la mesa
para hacer algo que creo más importante.
Pero me acuerdo de aquel hombre,
y cojo el cuchillo,
como agarrándome a la vida
que tengo todavía
entre estos niños y junto a estas frutas.

EL LAZARILLO

Mi abuelo estaba ciego.
¿Era noviembre...?
Pensaba yo que el árbol que él oía
en una contemplación desorbitada,
cuando alteraban los pájaros
las ramas chirriantes,
había sido árbol en su vida,
árbol en su juventud.
Salíamos siempre juntos.
"Sube", decía yo, al llegar a los escalones
del Arco de la Sangre...
Y luego: "Baja un poco". Era el bordillo
ya cerca de aquel banco de madera.
Él apenas hablaba.
Reñía con mi abuela por Don Carlos.
Mi abuela era navarra;
mi abuelo, liberal.
Cuando les escuchaba me parecía raro
que se casaran un día
y que llegaran a acostarse juntos
en aquella cama alta con hierros dorados,
para que pudiera nacer mi madre,
y luego yo...
Mi abuelo, para oírme, se inclinaba.
Había tenido los ojos azules.
Y yo, con una oscura y dirigida voluntad,
y una fe ciega —ciega—,
contaba exactamente aquellas gotas
con que le distraíamos los ojos
blanquecinos y muertos
y muy fijos.
Mi abuelo no contaba cuentos.

Yo, sentado y muy quieto,
escuchaba con él las mismas ramas
violentadas desigualmente
por los inquietos gorriones.
A veces —cuántas veces—
en el otro lado del banco
una mujer y un hombre se estrechaban.
Si él se acercaba más,
la mujer le advertía.
El hombre, con un gesto, señalaba a mi abuelo
para tranquilizarla.
Y ella, a mí.
Más tarde, entre los dos, una sonrisa.
Yo apretaba la manga
del abrigo del ciego,
que era gris, y era áspera, y me tapaba.
Y así algún tiempo...
"Hace frío, ¿nos vamos...?"
El hombre y la mujer se separaban,
cómplices de una espera
trémula y prometedora.
Mi abuelo, al levantarse,
tanteaba el respaldo del banco,
y acaso, torpemente,
rozaba aquella mano que abandonaba un punto
el hombro desprendido
de la temerosa muchacha.
Mi abuelo tocaba también
la tabla donde había estado
como si tuviera siempre miedo
de olvidar algo que nunca llevaba...
"¿Vamos...?"
La manga del abrigo estaba fría.
Yo escurría por ella la cabeza

para volver los ojos al banco
donde ya se juntaban
de nuevo las dos sombras...
"Sube un poco...", decía, mirando atrás.
Y luego: "Baja...", mirando atrás.
Y seguía mirando,
y me hundía mirando,
mientras pasábamos el Arco
que cobijaba a Cristo
y daba a nuestra calle.
Era como si la plaza se elevara
con aquellas cabezas
cortadas y fundidas...
"Es pecado, pecado", me decía.
Y mi abuelo: "¿Qué pasa? Me vas a hacer caer"...
Mi abuelo estaba ciego y no miraba.

1936-1939

Como quien desatara ahora un paquete de cartas para decir al nuevo amante "quiero que sepas que no me importa nada el otro tiempo, que ya no hay huella alguna, que ya no reconozco lo que me hizo sufrir", abro aquella ventana de la cárcel donde ni siquiera "la mentira y la envidia" me tuvieron encerrado.

Yo sé lo que es el miedo, y el hambre, y el hambre de mi madre y el miedo de mi madre; yo sé lo que es temer la muerte, porque la muerte era cualquier cosa, cualquier equivocación o una sospecha; porque la muerte era un accidente en la primavera, una pared contra la ternura, un día con boca de muerte, y dientes de muerte y esperanza mortuoria.

Yo sé lo que es enfermar en una celda, y defecar entre ratas que luego pasaban junto a tu cabeza por la noche....

¿Qué me decís ahora los que creíais que sólo me han movido a cantar los lirios de un campo imaginario, y la rosa de papel, y la novia como Dios manda...?

¿qué me decís los que me vísteis pronto limpio y peinado, como un niño que quiere llegar con puntualidad al colegio sin que nadie adivine el estrago de su corazón familiar?

Aunque también os digo que todo era hermoso cerca de la muerte menos la muerte misma.

Respirar, y amar de lejos, y morder un pedazo de pan era hermoso.

Y era hermoso que me prepararan un hato de ropa limpia, y que me hiciera llorar el olor que traían las sábanas.

Y todo era como nacer cada día, y cada día era más bello que la propia esperanza, y reír tenía un valor más profundo que el profundo pozo de la inquietud, que la oscura caverna de la impotencia...

Gracias, Señor, por haberme dejado sin heridas en el alma y en el cuerpo, por haberme dado la salida sin odio, por no tener lista de enemigos, ni lugares donde llorar por el propio desamparo...

Yo sé lo que es amor; de lo demás no sé.

Quito el balduque porque ahora es tiempo.

He leído en un periódico: "Voici enfin les lettres de Víctor Hugo à Juliette Drouet".

Se abren ahora porque ya no importa.

Así yo quiero abrir mi corazón, desatando la cuidada cinta que le rodeaba sin herirle, y quiero que leáis estas cartas antiguas que el mar violento de mi patria trajo hasta el arenal de mi juventud absorta e invadida.

Os juro que no hay una sola gota de sangre que haya querido conservar fresca sobre el tiempo; que quisiera haberme dolido más para ofrecer ahora reparación con mi olvido, o mejor, con mi memoria reclinada en la triste memoria de mi hermano, como aquel que en la noche del invierno se junta al caminante, y no pregunta, y une su frío al frío como alivio... ¿No oís cuánto he callado? ¿Qué piedra iba yo a arrojar contra los añicos de vuestros cristales? ¿qué cuenta podía pasar a los muertos o a los hijos de los muertos?

Ahora quito la cinta de las cartas. Leed; leamos. Son amor vencido. Tiempo del corazón. Males del hombre. Golpes de España... Quemo lo que es mío. Yo, solo, me he quitado "el dolorido sentir".

HABLANDO SOLO
(1968)

CINCO HOMENAJES A RUBÉN DARÍO

YA NO TENGO MIEDO

"Yo, silencioso, en un rincón,
tenía miedo."

R.D.

No; ya no tengo miedo.
De noche,
algunas noches
hace mucho tiempo,
con miedo dentro de los ojos,
y entre las manos encontradas solas,
y en los labios,
sin la oración de pronto,
sin el beso todavía,
creía ver vacíos gigantes
que avanzaban
y pasaban hundiéndome.
Y estar solo era peor
que temblar bajo la planta
de los que llegaban.

Era hace mucho tiempo;
quiero decir, ayer por la mañana,
no hoy por la tarde
en que, acaso,
se acaba mi jornada de hombre.
Entrar en la tempestad,
en el concierto,
acogerse a sagrado en la mano
del padre, mirar a la cintura
de la madre,
aún esbelta, caminar
daba miedo;
aunque era todo tan hermoso
en la propiedad de los otros
que pretender un pedazo
de actividad, de compañía,
era temeridad o sueño.
¿Con qué,
de qué armas echar mano,
cómo incorporarse a la fila
sin que se notara, escandalosa,
mi bisoña amargura,
mi incapacidad para llegar
a aquella marca mínima,
para tocar
el puesto ambicionado?
Fuera, las arboledas,
aunque sangrantes, pobladas,
florecidas, cerraban celosas
los innumerables caminos
al abridor inerme.

Era mejor quedarse sin entrar;
no pedir, no empezar nunca
a disputar,
a desalmarse amando;
era mejor quedarse allí
donde el vacilante susurro
de una preparada hojarasca,
tendida como cuna,
proporcionaba un poco de música
al tímido desamparado.
Pero ya no tengo miedo.
Aunque he salido, no tengo miedo;
aunque estoy en plena corriente,
con mi balsa medio hundida y brillante,
lúcida y desarticulada
por el furor de oleaje,
casi tocando el bajo fondo
de la arena sin nombre,
no tengo miedo,
o no tengo sentido del peligro
—sí, Dios mío, sí tengo—,
o la desesperanza
—¡qué extraño!— me sostiene.
He salido;
había que salir
y darle la cara a esto
que llamamos luz;
había que encontrarse con el día
solemne de los tributarios,
de los procesionales,
de los disciplinantes.
Y aquí estoy en el centro
con la palabra en los labios

como una flor mordida con descuido,
o como el portor en el trapecio
que sabe que de sus dientes
puede pender la vida
de alguien.
No; no es soberbia;
tú me lo has enseñado,
tú que, humilde o poderoso,
no sé,
has vencido después de tener miedo,
has dado confianza a los hombres
en este destierro inaudito.
No tengo miedo, porque basta
una palabra para andar,
para rezar,
para unirse a Dios
o a los siervos;
una sola palabra pronunciada
con fe
ahuyenta la soledad
en el cuarto oscuro del niño,
en el cuarto oscuro del hombre,
en el cuarto oscuro del mundo.

LOS SONETOS DEL HOMBRE QUE VUELVE LA CABEZA

BALANCE

*L*os sonetos del hombre que vuelve la cabeza
van a empezar. Aviso: no hay trampa ni cartón
en la tramoya. Dentro del pecho no hay león
que ruja, ni hay perrito que ladre a la belleza.

Todo lo que ahora diga tendrá la fortaleza
del desamparo, a punto de acabar la función.
Esta es la ley. Dios mío, cuando caiga el telón,
hazme creer que todo, después del fin, empieza.

Mira lo construido por un albañil lento,
por un sembrador torpe que sólo halló sustento
para sus pocos deudos en un cercado triste.

Aunque nada tenía, no sé si debo algo.
Pon en cualquier platillo lo que sé que no valgo,
y en el otro, la mucha paciencia que tuviste.

A PALOMA

*H*oy he visto en tus ojos, niña delgada y mía,
la oscuridad primera del amor; en sus fuentes,
una arboleda hundida, con cien ramos crecientes,
alzaba su esperanza dulcemente sombría.

En tus ojos estaba toda la lejanía
de mi niñez. Pasaban por ellos tiempos, gentes,
que tenía olvidados... Hija mía, ¿no sientes
en su noche la estrella que a mí me guió un día?

No; no sigas. Las sendas, cegadas de maleza,
te harán caer. Y quiero detenerte. Y no puedo.
¡Qué poco vale el hombre que vuelve la cabeza!

Pero yo soy el daño, yo mismo la torpeza;
tengo miedo a mi sombra, tengo miedo a mi miedo,
a la herencia en tus ojos de mi propia tristeza.

CON UN VERSO DE ANTONIO MACHADO

Estoy hablando solo; lo sé muy bien. Más vale
clamar en el desierto que ser mal escuchado.
No es soberbia; es conciencia de charlatán; pecado
que se confiesa y sigue dentro, dale que dale.

Ya sin arte —ni parte— digo lo que me sale;
sin que nada me importen el vecino de al lado
y su techo de oro. Yo estoy al descampado,
aguantando la lluvia de Dios, aunque me cale

de soledad, de miedo, de amor hasta los huesos,
aunque en el horizonte las nubes y los besos
oscurezcan su llama, distancien su hermosura.

Hablo solo... ¿Y espero hablar con Él un día?
Cuando lo pienso, dudo de la palabra mía,
y escucho mi silencio desde esta noche oscura.

FACULTAD DE VOLVER
(1970)

*L*a ciudad se termina junto a un río sin sueño
baja, con su costumbre de muchacha de campo,
a mirarse en el agua, a dejar que en el agua
desemboquen los ríos más chicos de sus brazos.
La ciudad aún se olvida de su actual estatura
en estos terraplenes donde el tibio regazo
de la arena conserva restos, muertes, memorias,
últimas iniciales, vestigios despreciados;
la ciudad está hundida de amor en su cintura
y ama serenamente lo que ha sido ya amado.
Aquí el furor parece que ha mellado sus armas,
aquí el tiempo se puebla de enmudecidos cantos,
se creería posible ver el suelo cubierto
con la arboleda innúmera de los frutos vedados.
No suena el agua, calla su desnudez doncella;
se va buscando un poco de ternura, buscando
los ojos de los puentes, las redes de los juncos,
la caña abanderada, la sed de los caballos...
Mas todo lo que huye deja un rastro de fuego,
deja cuellos heridos, cabellos enredados;
lo que se va nos deja silencios que ensordecen
nuestro sosiego un día sorprendido y lejano.
Pasa el agua tremante desvelada, sonámbula
va gozando una orilla donde no brillan astros,
donde sólo los cuerpos se besan con los cuerpos,
donde casi se acercan las riberas, los labios.

Sí; todo lo que huye, como un dios elegido,
nos mira y se eterniza en todo lo mirado.
Se va el agua y nos deja la ciudad en los hondo,
¡oh, pozo de Toledo, con Toledo manando!
Aquí estás. Tu caída nos arrastra contigo;
tu grito sin respuesta nos encuentra gritando
una tarde entre formas de silencio entre ramas
voladoras y unánimes de un gigantesco árbol.
Somos sólo una orilla; el mundo es una orilla;
la verdad, una orilla; una orilla el quebrado
calor de los almendros, con el oculto timbre
de la cigarra —¿dónde la oí primero, cuándo...?—.

Estoy en la atalaya del Miradero; miro
cómo se acerca el río, tan quieto en sus meandros,
cómo piden ternura las torres de Galiana,
cómo eleva su pecho de oro San Servando...
Llegan ya los infantes de mi infancia; la pierna
desnuda entre los musgos; el pie hundiéndose blando
en el limo rojizo donde la hierba toca
las finas espadañas y el surco prolongado.
Bajo una clara urdimbre de nubes ligerísimas,
hacia Sanfont se tienden mis ojos, alanceando
los novillos del agua, que aceptarán sin queja
el yugo inevitable de los puentes romanos.
Alcántara en sus hombres jóvenes lleva al día,
y a trechos enrojece los pliegues de su manto;
San Martín que galopa bajo los cigarrales,
repartirá su capa de sombra lado a lado...

Ciudad, que en tus barandas me ves solo y atento,
que ni siquiera piedra soy desde mis estragos,
nada puedo ofrecerle que no sean palabras,
ciegas palabra...

                Madre, llévame de la mano

h, mi otro caballero, si volviera
ya no sería nunca su escudero,
aunque por serlo a veces me muriera.

No tendría tal ímpetu guerrero,
ni fuerza para amar tan tercamente,
ni pie tan decidido en el sendero.

Pero nunca abandona la corriente
del río aquella orilla acariciada,
tal el cabello al lado de una frente,

ni dejas tú de estar en la enramada
de mis oscuros bosques expresivos
con tu voz más querida y prolongada.

Si volvieras no fueran más cautivos
que ahora lo son mis pasos a tus pasos,
ni están por solitarios, menos vivos.

Si volvieras serían los ocasos,
como tu corazón enardecido,
sangre de mil heridos garcilasos;

podrías comprobar que no ha perdido
sus ecos tu palabra, libadora
de las flores del suelo y del sentido.

Digo que, como el Tajo pasa ahora,
y es un arco sin flecha y de amor lleno,
pasas tú por mi pecho hora tras hora.

No hace falta que vuelvas; como el heno
no hace falta que vuelva a ser espiga,
y es oro siempre y siempre es más que cieno.

Déjame que te sienta, y que lo diga
de nuevo a mi manera —a tu manera—,
que por tus vecindades te persiga,

también a tu manera —¡quién pudiera!—,
lleno de soledad cerca de un río,
lleno de invierno, aquí, en la primavera.

Viví, lloré, canté todo lo mío,
y tomé de tu cofre algunas veces
la moneda, y el son, y el atavío;

también, por serle fiel, hasta las heces
he bebido mi copa de amargura
que me ha pagado tu amistad con creces.

No se elige el amor; es la postura
lo que parece que nos cambia un día,
pero siempre se vuelve a la estatura

que, a dulce fuego, nos marcó de hombría,
y yo, por ti y en ti, me encontré abierta
la puerta estrecha de la poesía,

y a veces, como tú, en la misma puerta
he llorado, "con voz a ella debida",
por no encontrarla en mi palabra muerta.

"Mi lengua y mi memoria entristecida"
vienen hoy a los tibios pedestales
que sostuvieron mi niñez perdida,

y eres mi valedor, y tus señales
me guían por la piel de las murallas
y por las nubes de las catedrales.

Ya que estás a mi lado, no te vayas,
que en campos de la fe la escudería
del amor vale más que las batallas.

Tú no estás muerto ahora. Y se diría
que la piedra que hirió tu hermosa frente
se ha vuelto en esta tarde pedrería

sobre las aguas y que, bajo el puente
de Alcántara, es el frío de tu escudo
—Miguel lo dijo— eterno y de relente.

Nadie supo abatirle y nadie pudo
creer que con los siglos callarías
pues eres tú la voz del cielo mudo.

Un cinturón para Toledo hacías
con agua transparente y caudalosa
que desencadenabas y tejías:

verso a verso, ya un ramo; rosa a rosa,
un jardín ya prendido a una cintura.
Y la ciudad, doncella y temerosa,

intentando escapar a más altura;
pero, presa en la cárcel de tu vaso,
diciendo, ahogada, con su voz más pura:

"siempre ha llevado y lleva Garcilaso".

TALLER DE ARTE MENOR
Y CINCUENTA SONETOS
(1973)

PASEN SIN LLAMAR

EL ANTIGUO RIMADOR SE JUSTIFICA

Canto mi soledad en la medida
palabra que su música reclama,
como anhelante va la niña rama
buscando la otra rama apetecida.

Todo es rima en la noche de la vida;
todo respuesta al que doliente llama:
frío de dos en dos ante la llama
de un incendio remoto desprendida.

Ah, déjame cantar a mi manera,
aunque traigas un verso, primavera,
con el que ya mi otoño nunca acierte.

Pero aún espera, insomne, el desterrado
que tu libre palabra y mi cercado
suenen iguales antes de la muerte.

NADA MÁS

Un relámpago entre la lluvia,
o esa misma lluvia en el mar,
y cuando cesa, cuando apenas
queda en el cielo una señal
de algo que ha sido y que no vuelve,
que no se encontrará jamás,
eso es el hombre, ése es su juego
y su ocasión y su verdad,
ése es su cuerpo de ceniza,
ése su pecho en soledad;
pero de pronto rompe el viento
con brazos de otras oscuridad,
levanta guerra donde todo
era ternura y claridad
y precipita sus rencores
hacia su triste inmensidad.
Nunca se sabe cómo ha sido,
como una pieza que al rodar
mueve belleza casi oculta
en la ladera de un pinar,
turba la hierba y la lastima,
quiebras las cañas, y detrás
queda el silencio de las cumbres
y acaso Dios... y nada más.

EL ALQUIMISTA

Como el que vierte, día a día,
el metal que le ha sido dado
en el crisol y, con cuidado,
al alto fuego lo confía,

en la palabra se vacía
mi corazón atormentado.
Es tarde ya y está cansado,
pero se afana todavía.

Aunque no cree lo que ha creído
ni es ya la música ese ruido
que hacen sus notas en el coro,
sigue entregándose a la llama,
y se deshace, y se derrama,
como en las vísperas del oro.

LOS HOMENAJES

DICE LA PALABRA A C.J.C.

No me suelte la lengua y la cintura,
no me deja decir lo que decía,
poner aquella cara que ponía,
sucia en la noche, en el silencio impura.

Vengo de la mentira a la ventura
y es dormir con usted lo que quería,
ser en su casa niña un solo día
viéndome, por tan virgen, tan madura.

Ande, déjeme quieta aquí, en la lumbre,
lejos de la mundana podredumbre,
que no hay quien les explique y les convenza

que, después de ejercer oficios varios,
niña soy desde el lazo a los ovarios,
aunque todos me miren con vergüenza.

CUATRO POEMAS ELEMENTALES

AUNQUE NO TENGAS NADA

No importa no tener nada.
Pero si algo tienes que sea como el agua,
que no llene jamás la cesta, y que refresque porque pasa;
que corra pronto y que se entregue, y que se note bien cómo escapa
entre los juncos trenzados y entre los dedos del alma.
Que todo lo que en ti vive sea palabra cantada,
sea grito que desde la noche pone Dios en tu garganta.
No; no importa que no tengas un arca
donde guardar las piedras brillantes, heredadas;
pero si la tienes, alza la tapa,
como ante una puerta que se abre y da al vacío,
da a la palabra, ¿o da más bien al aire?)

Tú me oyes, tímido conmigo;
forzado conmigo, y anhelante.
Yo te hablo, hombre; podríamos gritar ahora,
a un tiempo, la palabra, y la vida caería en trance.
Y ya todos podríamos conocernos en una noche de viento,
en un golpe de mar, o en la luz que entra en esa habitación sin nadie.

Pero nos quedamos mudos, tenemos miedo,
somos ecos errantes
de
alguien
que dijo la palabra un día.
Parece tan lejos la clave...
Y, callados, soportamos
el diario examen.
Y nadie contesta del todo,
nadie se atreve a decir, nadie,
que Amor es la palabra.
Una música suena para el mundo. Oídla.
Una llama se enciende. No dejéis que se apague.

MÁS LIBRE Y CON MÁS MIEDO

HABLO CON MI FANTASMA

De pronto soy un hombre. Vivo aquí,
en un lugar sin casa que no me pertenece,
que me han prestado para esperar. Se dibujan
paredes que no amparan, y sólo la esperanza
—o no sé—, la víspera de una palabra
donde a veces me apoyo,
aunque no quiera,
me asiste.
De pronto soy un hombre, y un huérfano,
y una espada olvidada en un campo de batalla
sin sangre.
Por donde tú aparezcas un día, sin nombre,
mi fantasma,

sé que amanecerá Dios:
Él y sus criaturas a las que no conozco
de nada.
Llamará alguien por mí; llamará
alguien en ti. No a la puerta;
al regazo del suelo, y la tierra dirá:
"No está ni muerto ni vivo. No está.
Ha salido".
(Alguien se fue andando por el mar
y ya no volvió nunca).
Aquí había un bosque esta mañana temprano.
Y han venido y han cortado los árboles,
y han segado la hierba.
Redondeles fragantes, como senos,
como senos cortados enseñan sus venas:
rojos, azules, que me asedian, y esta mañana
mismo...
Aquí donde yo vivo,
había un haz de espinos, y una dalia.
Y una piel había.
Soy un hombre; noto que soy de pronto un
hombre.
Y estoy desnudo y solo.
Y me cubro con mi miedo.
(No sabes lo que es esto; no sabéis
lo que es esto).
Y grito, busco entre las palabras y no doy
con las tuyas, fantasma mío,
y lloro tropezando.
No me doy con tu pecho porque creo
que he dicho que no tengo paredes, que no
hay salida,
que no hay entrada.

Ni puertas.
(Un día tuve frío en las manos,
y no había nadie.
Y no pude apoyarme).
Ahora vivo esperando en un cuarto muy alto,
en la caseta de un perro;
bajo algún puente, vivo.
Y pasa el río, y me oigo pasar como
si de la muerte se tratara.
Y tú te yergues. Y acaricio la piedra.
Oigo que la acaricio.
y no desgasto nada que pueda ver un día
como huella de esta mano de Dios que me posee;
no rompo nada que no sea mi música, aquella
que traía del halda de mi madre...
Me recogiste en un estercolero,
en un terraplén me detuviste, cuando yo descendía,
envuelto en el lodo del desencanto,
entre desechos tristísimos de amor,
lleno de las heridas que rodaron conmigo.
Tus manos eran duras y recordaban al abismo,
y eran oscuras como besos, y traían
ventanas entre los dedos,
y hojas.
Y mirabas como las piedras de un planeta
que yo no conocía y ahora llegaba brillando.
Y no te había visto antes
—no eras de carne ni de tacto—,
pero ya estabas allí y tenías nombre del todo.
Habitabas en el cielo de la desolación
y de la lluvia, como ahora,
como siempre, pero el náufrago
no quiere perecer.

Cuando llamo, cuando te llamo, tan cerca
está la orilla —el miedo—
que hago un esfuerzo para llegar
y respiro un instante,
y cierro los ojos avanzando hasta que la arena
toma de nuevo el color de lo imposible,
se aleja y niega con sus labios de hielo,
con tus labios.
"No está, no está", se oye.
"Ni muerto, ni dormido, ni vivo",
dice alguien que sabe, alguien
que es muy mayor; porque yo soy un niño
perdido que aprende una lección distinta,
mientras se muere en una cáscara de coco,
en el alero de un tejado,
en un canalón donde ha caído el sol
de plano durante mucho tiempo.
Cárceles del mundo, interminables
corredores, penados
silenciosos pasan amándose,
juntándose como la nieve acumulada
que ha olvidado sus remotos orígenes.
Pasan y se estrechan, y me ahogan
en su abrazo,
y crujen sus cuerpos como árboles en mi oído,
llamándote.
Detrás de los cristales toco los cristales,
muerdo —y no puedo— los cristales, y bebo
una última lágrima. Sí;
sed tengo.
Y espero, como esperaba, esperaré
mañana,
en este pozo mismo, en esta sentina,

por haber creído que podía desvanecerse
contra lo oscuro
el miedo de ser hombre.
Y de pronto he sabido
que no hay nada debajo de la ceniza,
que no había ni un pájaro bajo los montones
de trigo,
ni una alondra había en el misterioso surco
amantísimo.
Y ser hombre de pronto —y ¿hasta cuándo?—
es como recorrer tu castillo de oro
por fuera, dando risa, llorando,
arrastrando cadenas que no suenan
entre el lodo.
(Un día tuve frío tuyo fantasma mío y nadie podrá decirme de dónde venía
adónde iba aquel frío que quería alcanzarte sin consuelo y tiraba el cadáver
por un terraplén que no termina nunca).

SONETOS Y REVELACIONES
DE MADRID
(1976)

MADRE DE MADRID

Sí; la escena se abre.
La sala está desierta.
Y hay una luz, una potentísima luz
sobre nuestras cabezas.
Sobre ti la adivino
y sé que te hace ciega
para todo
lo que no sea
la jornada —años vendrán— de tu hijo.
La ciudad se ofrecía esperanzada y nueva,
difícil, virgen, poderosa,
para que tú tendieras
tus manos, sin soltar las mías,
hacia la feraz y desconocida ribera.
Estábamos parados
ante la selva,
la selva del miedo y del asombro.
La prenda
del sacrificio
¿cuál era...?
¿De qué cuchillo disponías, madre,
de qué fortaleza?...
Vendíamos una cifra, dos números rojos
de calendario en fiesta,

como los ciegos verdaderos
por las aceras.
Una cifra
pequeña.
Vendíamos lo que nunca tuvimos
en cuenta:
un diminuto nombre heredado
y una soledad duradera.
Las tiras del denuedo —ya se iban igualando
nuestras fuerzas—
se extendían, mientras nos separaban
el trabajo, tu madura quietud, mi adolescencia.
Otros seguían a nuestro lado sus andenes
sombríos. Arriba, la lucerna
de un mañana, de una mañana
de primavera.
Solos, solos de nosotros mismos;
lejos del vegetal paraíso de la aldea
donde yo parecía un niño rico
y tú hacías que lo pareciera.
Padre —¿fue más feliz?— se fue muy pronto,
y tu mano y la mía se apretaron casi con dureza.
Atrás quedaron las aves ligerísimas y los peces
que después de debatirse como espadas entre la hierba,
traíamos
en una cesta
redonda.
¿A que te acuerdas?
Más tarde otra ciudad, y otra, y sin saberlo
entender de pronto que eras
algo más
que una barrera,
más que un techo de arena tibia,

más que esa misma arena.
Y ahora todo más grande para la travesía;
abierta
la
madera
del barco. Y calafatear
a tientas...
Madre mía en Madrid, madre cansada y activa
en la balsa con cuerdas
anudadas, salobres, resbaladizas.
Siempre amenazando la tormenta.
Náufragos en el sol, en las avenidas
silenciosas de la siesta.
Yo ya sabía bien el precio
de tu pan de maestra.
Y a veces en un parque convivíamos
con la tristeza
inexplicable, honda de pronto,
de la merienda.
Oh, madre mía, madre mía, en Madrid, madre
de tanto tiempo y siempre tan nueva;
es ahora tarde para saber si es mejor para tí
acercarte el alimento prohibido o la silla de madera,
"porque esta espalda ya"
esta prolongada deuda
con el tiempo, hay que saldarla a plazos
de dolencias.
Es tarde para abrir con alegría
una puerta
por la que, más hermosa que nunca y más abatida,
entras.
Te sigue trayendo la ciudad, y ya conoces
bien el ruido de la cadena

que baja, baja, baja, con el ancla
firmemente sujeta.
Y mi alma se duele cada día un poco repitiendo:
"Esa
es tu casa, y la mía
ésta".
Y Madrid te va encerrando
con vueltas y más vueltas
en su tapiz de barrios que no has visto
y que acaso no veas
jamás.
Casas y piedras
como aquellas de entonces
—¿cómo aquellas?—
que nos daba el camino cotidiano:
"para que no te pierdas
tú de mí, ni yo de ti", buscándonos,
apoyándome yo en la cerca
con sol de tu costado, cuando el adolescente
aún no era
el mortal agresor de lo que ama,
la durísima columna de mármol, sobre la tibia tierra,
que mira el florecer de los capiteles
y eleva
los brazos,
y no llega...
A veces
la porfiada hiedra
ascendía arrastrándose por la columna caída con la pregunta
incierta:
"¿De dónde vienes, hijo?";
como si en mis ojos esquivos buscaras la respuesta
que nunca encontrarías, porque en torno

la potestad de la selva
iba tragando horas, distancias, cercanías,
presencias...
Aquí fue; éste es el sitio... Aquí, aquí...
Y parece que lo cuenta
alguien que vendrá después de muchos años
cuando ya nadie sepa
de nosotros.
Aquí esperabas sola, aquí por donde apenas
hemos caminado durante tantos años
juntos —¿juntos?, ¿vivos?— La piedra
rodada de mis años se escurría en tus dientes,
y porfiabas, como ese perrillo que sujeta
lo que el amo quiere arrancarle
con decisión, y con amor, y con destreza...
Digo que hay una luz, unos personajes
en la escena,
que nacen, crecen, luchan,
nos zarandean.
Nos arrastran con amor y con celo, y nos suman,
y nos restan.
El escenario permanece,
nos sostiene si los sostenemos, si lo sustentamos nos sustenta.
Ah, ciudad de los vértigos coincidentes,
de las velas empavesadas, de las crudas y crujientes cuadernas...
¿Cómo has podido salvarte, madre?
Da miedo pensar que la travesía empieza
con cada día en ese balcón alto
desde el que no sé lo que piensas,
en ese interior con imágenes y paredes
que ya no son nuestras.
Quiero
hacerla
de nuevo, de tu mano,

fina y blanca, y ya menos estrecha.
"Se hace camino al andar" —y ciudad al andar—
dijo el poeta.
Tú eras tan clara
y tan fuerte, y tan cierta
que todavía crees en mí porque crees en ti,
y porque crees en ti crees en ella.
Esto es así porque es así,
y no te encierras
nunca en el círculo final. Casas, calles,
fronteras,
luces del escenario,
candilejas,
y la sombra desconocida,
te contemplan.
Otra vez, otra vez, madre mía,
te yergues y te entregas
a todo lo que vive y lo vivido.
No cejas.
No duermes, y me buscas en la sala apagada de la noche,
en la ciudad secreta,
que sube, porque tú las miras,
a las estrellas.
Alguien hay todavía que me protege
y vela
por mí. Ser hombre no es tan malo.
Como nunca, quisiera
agradecerte haber nacido,
aunque sólo fuera
para verte un día.
                    ¡Qué bien llegas,
y andas, y persistes, y representas
con tu precisión admirable

esta misteriosa comedia
de la vida!
　　　　¡Todavía, todavía! ¡Vamos!
¡Ánimo, madre! ¡A escena...!

SONETOS EN LA PLAZA MAYOR

LA TORMENTA Y EL MAR

*E*n esta plaza veo reflejada
　　la inmensidad del mar y oigo su estruendo
　　con la tormenta, y navegar pretendo
hacia esa claridad precipitada.

Llegan hasta mi orilla enamorada
palabras que sabía y ya no entiendo.
Alguien llama de lejos insistiendo,
pero pronto esa voz no será nada.

Plaza que ante este cielo te desnudas
como la piel del mar y andas a solas
por la tarde profunda del estío,

baten sus olas las paredes mudas
y hay un pecho gritando entre las olas
con un corazón ciego que es el mío.

LA PALOMA EQUIVOCADA

A Rafael Alberti

Norte, sur, este, oeste... Una paloma
de otra torre venida, desnortada,
de balcón a balcón —tibia nevada—
lenta se esconde, tímida se asoma.

"No todos los caminos van a Roma",
piensa ya la paloma equivocada.
El poeta lo sabe. (¡Casi nada
sabe el poeta ya del daca y toma!).

Pero a la nieve nadie la sujeta;
libre se cree, desde el tejado al plinto,
como si fueran sus caminos diarios.

Y esto no lo sabrá nunca el poeta
ni la paloma ni su laberinto,
sino mi corazón y sus contrarios.

LA CLASE AL SOL DE LA TARDE

En fila están. La clase ha comenzado.
Los bancos, frente al sol. Callan los viejos;
oyen los viejos. ¿Qué lección...? Muy lejos
—muy cerca— un mar batiente, enajenado.

Los atentos alumnos, con cuidado,
cursan la asignatura, repetida.
"La vida..." ¿Os la sabéis? ¿Qué era la vida?
Y siempre hay algo oscuro y no explicado.

Pero el aula está abierta, acogedora,
y ellos son tan puntuales a la hora
del sol, y del recreo, y del repaso,

que el gran Maestro, mudo a las preguntas,
mira las sombras en el banco juntas
y hoy no ha pasado lista, por si acaso.

SONETOS EN LA ALAMEDA DE OSUNA

*L*e ha nacido un jardín en la cabeza
a la esfinge silente, arrodillada,
y un concierto de música dorada,
tras de la verja, sin cerrar, empieza.

Golpea otoño aquí. La fortaleza
del llamador no alcanza la posada.
"¡Ah, de la casa...!" Y nadie. No; no hay nada
que despierte a la piedra en su belleza.

Desnuda espalda en la muchacha ungida;
hombros nunca vencidos por la muerte:
labios que han entregado un solo beso...

Tiene nombre quien nunca tuvo vida,
y el agua al repetirlo nos advierte
que eso es la gloria y que el amor es eso.

(273)

T ambién mirando una ciudad remota,
torres de amor, paredes del deseo,
toco mis manos, y sin ojos veo
la piel antigua en la memoria rota.

Mi vida es mi recuerdo. Gota a gota,
se va yendo del alma cuanto creo.
¡Oh, piedras que tenéis como trofeo
la oscura gratuidad de la derrota,

qué espejo me brindáis! También me inclino
a oír la muerte; pasa y adivino
sus alas que se abren bajo el suelo.
Mano de amor, que eres la muerte mía,
como a esta piedra me hallarás un día
"vueltos los ojos ciegos hacia el cielo".

SONETOS EN EL MUSEO DEL PRADO

EL GRECO

D esde niños nos hemos conocido.
Yo te tenía miedo. Eras la llama
de la muerte, el sarmiento, la retama:
siempre ardiendo de amor, siempre ofrecido.

Había visto a Dios por ti, transido,
hecho hombre por ti; roja la rama
de un árbol infinito, del que ama
muriendo y en la muerte halla sentido.

Hoy que te encuentro aquí, sigues clamando,
mueres para seguir resucitando
y más me dueles cuanto más te admiro.

Ya, de niños, nos vimos en Toledo.
Tú eras el cielo y te tenía miedo,
y hoy tengo miedo al cielo si te miro.

EL GRECO
(II)
(LA CRUCIFIXIÓN)

Verde es la luz, y rojo el pensamiento,
y azul la carne, y blanca la mejilla
y la cera del pecho donde brilla
un sol desconocido y ceniciento.

¿Vive Dios en un hombre o pasa el viento,
y se exalta en las alas, y se humilla
en el umbral de esa dorada arcilla
donde se aloja todo un firmamento...?

Has dejado tu nombre en la madera:
allí su pesadumbre persevera
y se abre oscuramente a la memoria.

Tú sabes que tus manos han matado,
que tu color ha abierto su costado,
y Él se dejaba herir para tu gloria.

"HOMBRE DE 54 AÑOS"
(ANÓNIMO ESPAÑOL)

Ante tus ojos que beberme quiero,
como un cáliz de sombra hasta las heces,
me había detenido muchas veces,
y eras tú quien mirabas el primero.

Te debía el encuentro verdadero
con lo que queda, y te pagué con creces.
Alguien me dijo un día: "Te pareces,
y por eso te mira el caballero".

Quise tener tus ojos como míos
y darte los que tengo, últimos ríos
que, aunque vivos, ya buscan la salida.

Tú en los tuyos me esperas y me hablas.
¡Basta, fugacidad; te ofrezco tablas
porque vas a ganarme la partida!

SÚPLICA POR LA PAZ DEL MUNDO Y OTROS "COLLAGES"
(1977)

Desde el vértigo hablo, abandonado
　　　　casi por esa mano que sostiene
　　　　mi cuerpo en la ladera agotadora.
Mis pies resbalan en la piedra húmeda,
manchada con la sangre de los héroes.
Yo mismo araño el suelo, arranco piedras
y tierra, que ahora caen en mis hermanos.
En la mitad de la montaña hablo,
pidiendo luz que ya no pueden darme
las ventanas, los ojos de los muertos.
(Sobre el pretil de una azotea habían
puesto una piedra solimán. A ella
iban llegando todas las hormigas,
y, en probando a comer, caían muertas.
Y, como si enviaran mensajeras
a las que estaban como a media legua
y hasta un alrededor, para invitarlas
al solimán, veíanse caminos
llenos de ellas viniendo al monasterio).

Madre que caes, Ofelia niña, hija,
sombras del caracol, golpes sin música
de la campana hundida; catedrales,

barcos de sal, botellas a la nada,
desolación de las mensajerías,
sé que la voz no os llega, que no sirve
decir los nombres del amor.
                                        ¡Valedme!
Devolvedme la fe, la fe en el hombre,
la fe en el lobo, solo en el desierto,
criatura de Dios que acaso miedo
tiene del hombre y mata por el hombre.
Un corro de verdura había; tengo
la mirada en la casa que no existe,
las manos en la fuente que no vuelve,
y si la toco es sangre en las acequias.
No quiero ser el hombre; no, no quiero
ser el brazo que se arme contra el brazo,
el horror que entre horrores se confunda.
No quiero ser el pozo de mí mismo,
la herida de mí mismo desangrándose;
ni quiero desertar del hormiguero
donde toda armonía se destruye,
toda belleza cae, toda estatura
termina ciegamente violentada.
No quiero ser el hombre si he de serlo
fuera del techo de la paz. El hombre
que por matar al hombre se ha creído
inmortal a las puertas de la muerte.

OTROS "COLLAGES"

NOCTURNO CON UN ARIA TRISTE DE JUAN RAMÓN JIMÉNEZ

Me he quedado mirando a la luna
para dar a estas penas alivio;
a través de las finas acacias
ella mira en silencio al rendido.

Sólo tengo un balcón de palabras
y en la voz que me entrega me afirmo.
Es muy pobre mi noche, y no es alta
esta casa de amor donde vivo.

Desde aquí digo cosas pequeñas
y hasta muchas que ya os habrán dicho.
Aunque nadie me pide que abra,
corro a diario el mohoso postigo.

Sé que pasan de largo los otros;
sé que llevan distinto camino;
sé que nunca despiertan del sueño
cuando desde mi sueño les grito.

Pero ¿qué misteriosas paredes,
qué tejados me cubren, qué hilos,
enredados por mis torpes manos
van haciendo su oscuro tejido?

Sólo tengo un balcón y lo abro
esperando que el sol de los siglos
amanezca de pronto en mi casa
con la luz que no alcanzo y persigo.

Y la lluvia, y la nieve, y el viento;
el otoño, el invierno, el estío,
conmoviendo los hierros celosos
quieren dar libertad al cautivo.

Un momento mis ojos parece
que se dejan ganar por el brillo
de la luna, que no sé si tiene
la memoria de un ángel caído.

Sólo tengo un balcón de palabras
que, si acercan algún paraíso,
me retiran del labio la fruta
ya probada del árbol prohibido.

Fuera están las hermosas praderas
y las cañas delgadas del trigo,
las cinturas jamás estrechadas
y los nunca rozados vestidos.

Y esta noche, que sufro y que pienso
libertar de la carne al espíritu,
me he quedado mirando a la luna
mientras ella contempla al vencido.

LOS CRISTALES FINGIDOS
(1978)

LOS CRISTALES FINGIDOS

Aquellos lejanísimos cristales
¿se han roto, oh Dios, o se han oscurecido?
Entre sombras camina el que ha perdido
del cielo azul las únicas señales.

Ayer de mis más altas catedrales;
ayer del corazón y su sentido;
ayer de un sueño hermoso y compartido,
con Él siempre asomado a los vitrales,

¿qué fue del hombre, qué de aquel sustento
tan traído y llevado por el viento
con cada día de la primavera...?

¿O nada era verdad? Oscuro, oscuro,
golpeo el ciego, impenetrable muro.
No era la luz, pero el cristal sí era.

OTRA VEZ
(I)

Otra vez, padre mío, en el recuerdo,
    en la desolación del desterrado.
      ¡Qué poco, padre mío, te he llorado!
Voy a pensar en ti... Dudo; me pierdo.

Me cobijo en un bosque sin salida.
¡Gritad, pinos de Soria! Él nos espera
en no sé qué imposible primavera
donde el amor renacerá a la vida.

Renacerá a la vida, a la costumbre.
De tí me llegará la nueva lumbre
que libere al hogar de tanto frío.

Tú no me ves; no estás. Vuelve a nacerme,
vuelve con tu gran mano a adormecerme.
¡Qué poco te he llorado, padre mío!

OTRA VEZ
(II)

El huérfano camina encaneciendo.
    ¿Quién soy? ¿Qué soy? La senda es una oscura
    sima de horror entre la nieve pura.
¿Dónde estoy, padre? ¿Adónde voy cayendo?

Me faltas más que nunca, y ahora entiendo
por qué la misma muerte configura
frente, manos y piel. Tu criatura
está en el pozo hablando, respondiendo,

llamándote otra vez. El despojado,
el que de tanto amar desheredado
quedó del propio amor —y tú lo sabes—,

pide de ti algo más. ¡Qué corto el vuelo
de aquellas dos mitades bajo el cielo
de Soria, entre las ramas y las aves!

OTRA VEZ
(III)

Tengo miedo a este niño que fustiga
mi sangre, a su impericia alborotada.
Delante de mí corre, y aún no hay nada
que le detenga. Y pide que le siga.

¿Y quién soy yo que tanto se apresura
por alcanzar de nuevo lo alcanzado,
lo imposible de mí, si maniatado
estoy entre la muerte y la ternura?

No se vuelve jamás a lo perdido.
Tanto tiempo sin ti ¡qué poco he sido!
¡Qué poco espacio para amarte y verte!

Ven a mi lado, ven, caricia hundida,
para ayudar a un niño hacia la vida,
para ayudar a un hombre hacia la muerte.

LOS CRISTALES FINGIDOS
(II)

Escribo, *los*. Tres letras no son nada,
ni tres reyes, ni tres tabas de hueso,
ni los labios unidos por el beso,
ni los cielos que traen la madrugada.

¿Y esos cristales? Carne atravesada
por la espada de un sol sin voz ni peso.
Memoria del cristal... Decid ¿qué es eso?
Ruinas de una ciudad abandonada.

Abandonada, incierta por fingida.
Fingir, cuidar y sostener a un hombre,
impedirle que vuelva la cabeza,

hacia la vida. Pero ¿qué es la vida?
Los cristales *fingidos* de mi nombre
que apenas dan a un patio sin belleza.

PARQUE EN EL OTOÑO

En este lado está la vida;
mis palabras, al otro lado.
Sé bien que no me pertenece
la belleza por la que hablo.
Por más que extienda ella la red
de sus innumerables brazos,
hay un peldaño que no subo,
una línea que no traspaso.
Sólo una música percibe
en su cárcel el desterrado.
Alrededores bulliciosos
frente a interiores acallados;
frente a los bosques encendidos,
ceniza de lo ya incendiado;
frente a los pasos que ahora dudan,
el galopar desenfrenado
de los dioses y de los niños,
y su pasión, y sus caballos.
Solo camina el hombre, solo,
convocando al azar, mirando
la mirada de aquellos ojos,
la caricia de aquella mano
que de pronto parece suya
en el camino ya pisado.
En este lazo está la vida;
mi corazón, al otro lado.
En medio, aquello que decían
mis labios, hoy en otros labios.
¿Fueron verdad el nombre, el beso

en la boca que se ha cerrado?
Puerta transida, hoja dorada,
no te desprendas aún del árbol.
Dicen que es tiempo todavía...
¿De qué legítimo cuidado?
Del que me ha dado la tristeza
tan poco a poco, paso a paso.

LUZ ENTRE LOS ÁRBOLES

Esta mañana el sol ha puesto
sobre la tierra de mis manos
tanta luz que no me conozco...
¿Soy yo...? ¿De qué país lejano

me llega un nombre, una llamada,
alguien que sabe quien soy, algo
que me ha pertenecido un día,
un recuerdo que se ha apiadado

entre las sombras de los árboles
de quien camina tan despacio...?
Yo tenía que contestar,
y miro de nuevo mis manos.

Pero no hay sol que al sol responda,
no hay quien en un lenguaje claro
diga el dolor que lleva dentro
el raramente iluminado.

EL ARRABAL
(1980)

E sta muchacha y su hermosura antigua
    y su ademán de enamorada calle
    que va con las ventanas de sus ojos
hacia los arcos del amor triunfante,

¿de qué lugar del suelo se ha escapado?,
¿de qué reino en que estuve hace un instante?
Hace mil años ya, pero conozco
de su piel encendida las señales.

Pasa con sus navíos por el agua;
abre sus velas; sabe de cien mares:
quieren dejarse hundir por su madera
y hacer brillar cien veces sus metales.

En la penumbra, un arenal sombrío
intenta recordar los cuerpos ágiles.
Aquí estaban un día, pero el viento
borró la oscura huella de la sangre.

La letra se refugia en la costumbre...
¡Adelante los nombres; adelante!
¿Quiénes sois? ¿Dónde estáis, sílabas muertas?
Es memoria falaz la de la carne.

Esos cabellos sueltos, esos brazos,
esos pies que se hunden, leves, graves,
esa pierna que avanza irrepetible,
ese velado pecho inalcanzable,

¿qué tejados tendrán?, ¿qué fina lluvia
harán caer en un pinar sin nadie
donde algún corazón sienta sus pasos
y estremezca los nidos al mojarse?

Señor, Tú eres el agua que ha anegado
los caminos de oro en esta tarde.
Conocían mi huella entre los pinos
que confunde la noche al acercarse.

Tenía la belleza por fortuna;
tenía un cielo azul por hospedaje,
una plaza cuadrada con palomas
y un palomar donde habitaba el aire.

Arriba estabas Tú con la mañana
llena de sol. Tu mano, dulce y grande,
se apoyaba en los hombros de la tierra,
bajaba a mis balcones a tocarme.

Hoy se han oscurecido de repente
los troncos dibujados de los árboles
donde a tientas persigo inútilmente
el testimonio de las iniciales.

No ver. Y no tocar. ¿Y oír? ¿Quién habla?
O ¿quién calla? El silencio es tu mensaje.
Eres Tú quien escribe lo no escrito,
Tú que jamás repites lo que sabes.

"Entre las azucenas olvidado"
SAN JUAN DE LA CRUZ

Olvidada entre tantas azucenas
dejé mi voluntad. Y Tú sabías
que todos los minutos de mis días
cerraban sucesiones de cadenas.

El forzado lloraba por sus penas,
y yo creía en Ti porque me herías;
tus manos se apretaban a las mías,
tus mares inundaban mis arenas.

Después pensé ser libre sin mirarte;
volví los ojos, ciego, a cualquier parte,
y en la distancia me encontré más vivo.

Haz Tú que el heridor vuelva a la herida,
que el mar vuelva a la playa oscurecida,
y a tu temida cárcel, el cautivo.

A ledaños de escoria —no escoriales—.
La mano, férrea, inevitable, altiva,
llamando en una puerta siempre-viva,
siempre-muerta... ¡Qué cerca las señales

del Dueño que aminora los caudales
de aquel edén con flor que nadie liba,
con agua escasa, y mísera, y cautiva
de los siete pecados capitales!

El arrabal se crece en su estrechura;
toda ciudad y toda criatura
se presentan prohibidas y distantes.

Las banderas, rasgadas por el viento,
no son en las almenas del lamento
ni sombra ya de lo que fueron antes.

UN SOL DEL ALBA

"Le bon soleil de l'aube"
PAUL CLAUDEL

"Todos somos hijos iguales
de la tierra, madre completa"
JUAN RAMÓN JIMÉNEZ

H e preguntado en esta noche
—¿a quién?; a nadie... a Ti, Dios mío—
por qué estamos todos los hombres
asomados sobre el abismo

de tu nombre, por qué clamamos,
abandonados a los signos;
nos estrechamos, codo a codo;
llama a llama, nos extinguimos;

nos acercamos a las tapias
de un increíble paraíso
y nunca llegan nuestras frentes
al relámpago prometido.

Vendrá mañana la mañana
y el sol del alba será el mismo;
se calentarán nuestros huesos
y ocuparán el mismo sitio.

Bultos de sombra silenciosos,
torreones adormecidos,
estandartes arrebatados,
vasos sedientos y vacíos,

todos tendremos la memoria
de haber amado, de haber sido
substancia tuya, invención tuya,
fuego de algún volcán extinto.

La tierra es una madre oscura
y nosotros somos sus hijos;
esperamos en su halda enorme
nuestro sueño definitivo.

Delante de las rejas de oro,
desamparados y mendigos,
nos tendemos con la piel fría
de haber tocado lo prohibido.

Un día —¿cuándo?— el sol del alba
besará nuestro rostro lívido,
y Tú estarás al otro lado:
defensor, y juez, y testigo.

Este es el pacto o la promesa;
pero, entre tanto, ciegos, vivos,
te respiramos en la sombra;
sin tenerte, estamos contigo.

Como dejados de tu mano,
en nuestras dudas nos sumimos,
y el tiempo juega con nosotros:
monedas, hojas, gotas, niños...

He preguntado, he preguntado
al silencio. Nadie me ha dicho
si en mi desierto corazón
Tú estás presente y contenido.

Ayer eras verdad del todo,
cuando los pasos indecisos
se afirmaban para seguirte
por los luminosos caminos.

Hoy, ya más cerca de la muerte,
en este arrabal, guarecido
de la lluvia que cae y acerca
su implacable espada de frío,

te buscamos, y Tú te alejas...
¿Ere Tú quien huye o huimos
nosotros, tristes, desnortados,
vacilantes, torpes, remisos?

Hasta que llegue una mañana
—el sol del alba será el mismo—
en la que yo vea tus ojos
y Tú te pares en los míos.

P or qué, de pronto, así, reconciliado
con todo: con el mundo y su armonía?
Señor, en esta tarde, tuya y mía,
dame que se haga eterno tu cuidado.

¿Por qué sin esperarte has esperado
a un corazón que hacia el desierto huía?
¿Por qué me has dicho: "Hay tiempo todavía
para recuperar al olvidado"?

Atrás mi casa "estaba sosegada";
se quedaba en mis hijos la mirada;
habías Tú dispuesto mesa y vino.

Y he salido a buscarte, y a perderme,
y a herirme con tu espada... Solo, inerme,
me has dejado en un alto del camino.

A JOSÉ LUIS PRADO NOGUEIRA, CUARENTA AÑOS DESPUÉS

...";por qué en la altura, en los
lejanos sembradíos, en una encrucijada
de estrellas y silencios no ha de esperarme Dios?"
J.L.P.N.

¿Por qué ha de ser en una encrucijada
de estrellas o silencios donde espere,
y no ha de estar aquí en la misma nada
que con su soledad nos cerca y hiere?

¿Te acuerdas? Nos llamaba diariamente;
puntual venía con la primavera.
Nos hemos hechos hombres torpemente;
pálida asoma ya la calavera.

Sentíamos su mano en nuestra mano
y a veces en la piel nos conmovía.
Era más cierto cuanto más lejano,
y el corazón, sin dudas, lo sabía.

Hay luz en una puerta que se cierra,
que cerramos muriendo en un deseo.
Vivimos, sin saberlo, en una tierra
de nadie. No; no hay nadie. A nadie veo.

En el bosque siguen creciendo ramos
que no nos cubren ya del mismo modo.
Tú y yo también nos vemos y no hablamos
creyendo que nos hemos dicho todo.

El arrabal

Cuanto más duro el arrabal, más lejos
parece que está Él, cuando se aloja
en la imagen final de los espejos,
cómplices de otro sueño, otra congoja.

¿Por qué en la altura?, ¿o es a ras del suelo
donde van indolentes nuestros pasos?
El mismo cielo ¿no será este cielo
de la tierra que tiembla en los ocasos?

Por la manera como el pan partía,
ellos reconocieron al Maestro.
¿No tendremos nosotros todavía
su mano entre la harina del pan nuestro?

¿Qué fue de aquellos ojos que miraron
una Cruz, y bastaba, un agua muda
y veían su rostro? ¿Dónde hallaron
la estrella de Rubén, alta y desnuda?

Estamos locos de inquietud y hastío,
sin encontrar una palabra nueva;
perseguimos el agua por un río
y no pensamos que hacia el mar nos lleva.

El mar es Él, sereno e infinito,
asombro mantenido en las esferas.
No contesta jamás a nuestro grito,
pero nos precipita a sus fronteras;

al mar, al mar... ¡Qué trago indescifrable,
qué cárcel desatada y tenebrosa,
qué antiguo edén, terrible y habitable,
qué incomprensible y angustiosa rosa!

Caminamos —¿a dónde?— desunidos
por el bosque de lentas cicatrices;
estamos más arriba de los nidos,
más abajo de todas las raíces.

Porque apenas nos queda la fragancia
de la vida, tan dulce y despiadada,
pidamos, si es posible, la ignorancia
para empezar a amar desde la nada.

Si Él nos espera, lo hace oscuramente,
poniendo miedo donde amor ponemos.
Que nos lleve del todo y de repente
a ver si con la muerte lo entendemos.

NUEVO ELOGIO DE LA LENGUA ESPAÑOLA

Discurso de recepción de José García Nieto en la Real Academia Española el día 13 de marzo de 1983, contestado por el académico Camilo José Cela Trulock.

SEÑORES ACADÉMICOS:

Gratitud, satisfacción, orgullo, responsabilidad, emocionado sentimiento de purísima inferioridad, me invaden en este momento en un juego de contrarios entre los que me va a ser muy difícil encontrar un puñado de palabras suficientemente expresivas y ajustadas para corresponder al honor que me hacéis al haberme elegido para compartir vuestras tareas. Y paso también por una forma de alteración muy singular que me gustaría comunicaros al dar las gracias desde un lugar que tiene que producirme inquietud y vértigo. Porque apenas acierto a sentir como salvada esa enorme distancia para mí, que no creí posible acortar nunca, y que va desde un sillón de este estrado hasta otro cualquiera de los de la sala, que he ocupado durante muchas veladas similares a ésta para escuchar los discursos de ingreso de los que desde hoy, por tan grata benevolencia, vais a ser mis compañeros. Creo que a lo largo de los años he estado presente en todas las ocasiones de recepción de los señores académicos que hoy forman la nómina viva de esta docta casa.

Entre mis libros más preciados he podido encontrar con facilidad los discursos de ingreso de mis maestros queridos, Dámaso Alonso y Gerardo Diego. Tengo que remontarme al invierno de 1948. El 25 de enero leía Dámaso Alonso, y el 15 de febrero lo haría Gerardo Diego. En cada uno de los ejemplares de los textos publicados guardo "como paño en oro", quiero decir como tela de urdimbre, mal tejida, pero ferviente, de mi prosa moza, entre aquellas páginas perdurables y excelsas, copia de sendos artículos que publiqué con motivo de tan faustas efemérides. Tanto Dámaso Alonso como Gerardo Diego me habían ya favorecido con lo que iba a ser en el tiempo fidelísima e invariable amistad.

Yo en aquellos textos daría nota urgente y resumida de los actos en que fueron protagonistas mis dos amigos y maestros. El discurso de Dámaso Alonso versaría sobre Francisco de Medrano; el de Gerardo Diego, sobre una estrofa de Lope. Arranco de mis líneas periodísticas dos trozos que me suenan muy íntimamente, que reviven en mí como si hubieran sido escritas ayer mismo, "Dámaso Alonso, serio, no sé si emocionado, salva cualquier excesivo rigor erudito con un ademán de contagiosa simpatía. Parece que se le ha revelado la cátedra. Y, como entre sus alumnos, empieza la lección. Al oírse su propia voz, metalizada por el micrófono, lo rechaza; gesto que se justifica por su irreprochable decisión, por la fe que tiene, que tenemos, en sus facultades. Su voz es clara y limpia, flexible y sonora, de rara y unánime altura. De cuando en cuando, sus ojos se van al cielo, al techo, como comprobando el último, lejanísimo ámbito donde puede llegar a alojarse...". En mi otro artículo puede leerse: "Gerardo Diego ha aparecido ante el público firme y seguro como nunca. Ha saludado honda, largamente, inclinando bien el cuerpo. Con esta estrofa de Lope de Vega ha jugado como ha querido, como otras veces, con nosotros. No se puede sacar más de tan poco, considerado materialmente. No se puede ser tan *parcial* y tan completo, tan riguroso y tan fragante, tan certero y tan temerario. Ha sabido llevarnos desde la sonrisa al aplauso con esa habilidad tan suya, con esa estudiada ligereza, con ese "liso resbalar de un vuelo a vela".

Permitidme que acerque a mis sentimientos de hoy estos recuerdos y estas admiraciones. Desde entonces, a lo largo de treinta y cinco años, os aseguro que este escolarillo que hoy se atreve a sentarse entre vosotros no tiene en su haber más que una discreta nota de asistencia. En esta nueva estadía para la que me llamáis voy a necesitar mucho de vuestra ayuda y no sé qué beneficio podréis encontrar en la mía.

Vengo a ocupar el sillón de José María Pemán, y el solo hecho de escribir su nombre detiene mi pluma y llena de incertidumbre el umbral de estas cuartillas. Él ha significado mucho en la vida contemporánea de España y de lo español, y lo ha sido todo también en el seno de esta casa. Sería impertinente que tratara yo ahora, por más que lo hiciese de manera muy breve, de lo que han sido la vida y la obra de mi ilustre antecesor. También he gozado de su magisterio y de su amistad durante muchos años, y múltiples veces me han servido de sensible acicate su fe en la literatura, su amor a la poesía, su fidelidad a la vida. En una magistral semblanza, ha escrito Emilio García Gómez sobre "el árbol Pemán", sobre la lealtad, la caballerosidad y la grandeza de alma de José María Pemán. Y a ese hombre, total y fundamentalmente bueno, ha acompañado de una obra cuyos límites de señalización se hacen poco menos que imposibles. No sé si habrá un escritor que como él haya logrado tanta popularidad en los países de lengua castellana. Desde muy joven cultivó el arte de la oratoria y, de la conferencia al artículo, de la poesía al teatro, de la narración al ensayo, desde las adaptaciones dramáticas de autores clásicos hasta su actividad didáctica en cursos para extranjeros, José María Pemán ha sido considerado como el escritor más prolífico y conocido en lo que va de siglo. En 1936 fue elegido miembro de número de esta Real Academia, y el 20 de diciembre de 1939 tomó posesión de su sillón académico. Poco después fue nombrado director, y volvió a serlo desde 1944 hasta 1947, fecha en la que renunció voluntariamente al cargo para cederlo a don Ramón Menéndez Pidal, regresado a España.

José María Pemán ha sido, terminantemente, un *hombre de letras,* en todos los matices que esta expresión comprende. En carta dirigida a Adriano del Valle, que luego serviría de prólogo para uno de sus libros de versos, decía: "Antes había hombres de letras con una honrada y buena base artesana para todos los géneros, con una fundamental solidaridad y trabazón, en su propia humanidad fuerte, para todas las creaciones. Tenían aquellos hombres básicamente la gloriosa y fecunda impureza de la tierra negra, rica en sustancias orgánicas, y por ello propicia para todo: para el jardín o para la míes, para la flor o para el pan..." Él también se sabía hecho de tierra nutricia y fecunda, pero habría que añadir que esa tierra era precisamente andaluza, y que muchos de los dones que el escritor poseía se sustentaban en esas raíces de lo andaluz que explican en gran parte la peculiaridad de su obra. Pero entre la prodigalidad de todos sus escritos, sabemos que él tenía como credo y galardón su cualidad de poeta. Hace poco más de un año, en la semana de su muerte, yo escribía: "Es peligroso precipitarse a hablar de José María Pemán como poeta y, sobre todo, entrar de una manera superficial y provisional en la tarea de un hombre que tanto y tan encarnizadamente hizo por entregarse a los demás. Hay que leer ahora muy despacio y meditadamente sus poemas. Hay que ir un poco más allá de lo que él mismo se propuso al ofrecernos su mensaje lírico. José María Pemán sabía bien la diferencia que existe entre una minoría cercana, y a veces manejable, y una mayoría desconocida e indiscriminada. Sabía, por otra parte, lo que eran poesías destinadas a la recitación, y lo que eran otros poemas que van desde la soledad del creador a la soledad de un receptor acaso único y, posiblemente, nunca identificado. Es muy importante su calidad de *arraigado,* como es muy interesante y profunda su poesía religiosa, como lo es aquella que podríamos llamar su poesía moral. Camilo José Cela y yo escribimos sobre sus versos cuando el autor de *Señoría del mar* publicó *Las flores del bien.* Hay que remitir a aquel libro a cualquier lector exigente. O invitarle a que lea de nuevo, si antes ya lo ha hecho, alguna de sus canciones o esa colección de sonetos recogidos en su *Poesía Humana.* "Tengo miedo de haberme dado tanto / en mi verso a los otros que mi vida / seca su fuente y de su sed bebida / ya no es sino un pretexto para el canto". Esa claridad de conducta que le obligaba a *darse* en todo ha sido norma para su vida y para su obra. No quiso nunca rechazar la facilidad de la que había sido dotado, ni detenerse a enrarecer lo que tan sencillamente salía de sus manos. Oficio de vivir, oficio de escribir, se diría que fueron para él tareas gozosamente aceptadas. "Supo aceptar la flecha que le asignó Cupido", como dijo Antonio Machado, porque también las fechas creadoras arrancan de un juego de amor. Tuvo caridad y entendimiento entre los hombres, y en su manera de hacer nunca olvidó las vecindades de los otros.

Vivimos unos tiempos en los que parece que es muy buena nuestra poesía. No creo que ocurra lo mismo con nuestra crítica. Cuando pasen algunos años y se haga un poco más de luz sobre el *oro* de este siglo, quizás se pierdan algunas modas estrechas y otras exclusividades empequeñecedoras. No se pueden borrar con un trazo de aguerrido antólogo, muchas veces improvisado, esas mil páginas largas de versos que ha escrito José María Pemán. Un solo verso, también ininterrumpido, ha sido su trayectoria de hombre de letras, de hombre de bien, de abanderado fiel en unos principios de los que no ha renegado nunca, asentados en su espíritu generoso y liberal de difícil parangón. Que su memoria, tan reciente, nos sirva hoy de presencia estimulante, y a mí me valga de norte, ciertamente inalcanzable, para que mis pasos en esta casa se afirmen con su ejemplo enaltecedor.

NUEVO ELOGIO DE LA LENGUA ESPAÑOLA

I

Hoy he puesto mi mano, como otros días,
como otras noches, como otras madrugadas,
en el papel,
y mi mano temblaba.
De pronto me he dado cuenta del tesoro,
de la herencia y de la leyenda dorada.
Era dueño en un solo minuto del tiempo
del poder y de la gracia,
y de la fuente secreta
y del bautizo de la esperanza.
Me he encontrado entre los dedos
no sé si un juguete o una materia sagrada,
un rostro invadido por la alegría
o una frente súbitamente extática.
Hoy he visto que por mí vivía
el supremo don de la palabra.
Moneda inmerecida y refulgente,
alucinante rayo, centella arrebatada,
surco de una cosecha milagrosa,
campo con una mies inesperada,
abeja de un panal innumerable,
torre de luz, almena abanderada.
Me ha estremecido ver bajo mis ojos
la posesión y la fragancia
de lo poseído. Todo era como una fiesta
en la gran plaza,
donde los labios y el pensamiento
se juntaban y salían a correr parejas
en la arena, en la sangre del alma.

Con el fulgor de cada letra, con el sonido
de cada cuenta desgranada,
he escrito *Dios* y ha aparecido un fuego
en el tejado de mi casa;
he escrito *Amor* y se ha llenado todo
de hondísima templanza,
de trigo recientemente cernido
y de nieve sobresaltada.
He escrito *Madre* y me ha crecido una hoja
en la piel y se ha poblado un bosque en la montaña
¿Cómo empezar?, ¿cómo seguir?, ¿qué pétalos
escoger o qué armas...?
Hay un ilimitado paraíso
en el cuadro de mi ventana.
Puedo decir qué cosa son las cosas
que amo y que me aman;
las que aprieto como tremantes cinturas
y las que me rodean como reverentes guirnaldas.
Puedo elegir en el gran cofre abierto
la gema deseada.
Un río hay ante mí que nunca cesa,
una pirámide levantada,
un cielo que se estrella con la noche,
un velo azul que se abre en la mañana...
¿De dónde vienes, cuerda que ahora pulso?,
¿de dónde, forma de la idea, rama
de un árbol hospedado de pájaros,
concha de las más insospechadas aguas?
Dicen que un día, al lado de unas líneas,
que un pergamino dorado guardaba,
puso unas letras pequeñas y tímidas
y vírgenes y marginadas,
un estudiante de latín, un monje cuidadoso,

y que, minuciosamente, las ordenaba.
Casi como lo escrito
era lo que creaba;
pero había un grito contenido
que se hacía canto de libertad en la página.
Y cada letra era un botón de rosa,
una niña que abría los ojos y miraba,
una pluma en un nido tembloroso,
una piedra raramente cristalizada.
Como la luz hermosa e indecisa
que nace con el alba,
iba abriendo su día lo escrito,
y se extendía y se derramaba.
De la pella de barro iba creciendo
la criatura iluminada.
Y había un mundo nuevo para el escriba;
misteriosamente le acompañaba;
crecía
y sonaba
en su pecho como
el voltear de una campana.
"Era entonces Castilla un pequeño rincón"
y San Millán, una antorcha recatada.
Iba cuidando el monje su fuego naciente
en la soledad castellana.
Allí
estaba
el manjar de los siglos de los siglos,
la sed que por primera vez se saciaba,
el escudo tendido entre la hierba,
más brillante después de la incruenta batalla:
hogar con la tea para transmitir la lumbre,
luna candente en la noche sobre la nevada,

ola prestando su sangre
al innúmero silencio de las playas,
vaso de dos manos que se juntan
para las vísperas del agua.
Y ahora yo soy
el que canta
sólo para el que va conmigo
como en el romance se cantaba.
Escribo a los mil años,
mil años de tierna labranza,
de surcos que se han sucedido
bajo el sol o sobre la escarcha.
¿Qué mano llega misteriosamente a mi mano?,
¿con qué conocido ritmo me acompaña?
No soy yo quien escribe,
quien mueve en el aire el aire, y canta
sobre la canción, quien
asalta
la mansión ofrecida,
sobradamente regalada.
Calor, pulso, medida y número recibo
que entran por los balcones de mi casa.
Se acercan los aleros,
los artesonados de las sonoras estancias,
los teatros y los estadios cobijados,
los cuévanos resonantes de la palabra;
se acercan los zócalos y los frisos
y los capiteles de hojas rizadas,
y piden sitio y nombre,
y orden y línea y almohada,
y tiempo en el tiempo
y distancia.
Espacio piden para llenarlo de sentido,

vasija para recoger la gracia,
las innumerables y comunicantes
cárcabas,
la medida justa
de las habitables estancias,
los secretos de la hierba diminuta
y la estatura de las montañas.
Todo llega en una procesión caliente
y sucesiva y recreada,
buscando ser nombrado
en la nueva parábola.
Duda el labio, bebe el labio
la fortuna del legado y lo proclama.
Hablar es ser más hombre dentro de la hombría
sustantiva, ser dueño de la música bautizada.
Si no digo, no soy. No soy el que soy
si no lleno el vacío de mi casa
con una eterna melodía
dulcemente paladeada.
No eres tú hombre, hombre de enfrente,
si mi voz no te llama.
No puedes tú entrar en el sublime juego,
en la misteriosa contradanza,
en el mágico concierto,
en los peldaños de la escala,
en el templo de la armonía,
compañera, muchacha
para quien puedo ejercitar los cristales
que se entrechocan en la garganta.
Si tú respondes es porque has oído,
es porque te señalas
y te desnudas
entre las ramas

del innumerable bosque
que anda
como en la tragedia de Macbeth
andaba;
es porque también
atesoras y guardas
la clave que te pertenece,
que te revela y en la que te exaltas.
En este predio creo porque crees, camino
porque caminas, hablo porque hablas.
En el combate, en el diálogo
las lanzas
se vuelven
cañas.
El cáñamo las une, y por ellas el viento
serenamente pasa.
Y tú, niño, que llenas
de iluminada
sonoridad
mi casa,
débilmente, torpemente, imitando, imitándonos
—con qué empeño—, ensayas
lo que será dominio y potestad en el tiempo:
las notas primeras de la flauta.
Aquí surge el manantial, aquí se rompe
la tierra para que nazca
la fuente. Tú eres un dios;
tú traes ocultas en tu aljaba
las flechas todas que ahora se afilan
en la sombra preparada;
tú eres un dios y vas a calmar a las fieras
y vas a sobresaltar la balanza:
un platillo en la tormenta

que brama;
otro, en la lluvia
que al relámpago aplaca.
Ya suena el mundo, ya grita el día,
ya ríe en la hoguera la brasa,
ya va a salir del parque solitario
la conversación de las estatuas.
Ya está el hombre dando señal de vida,
señal de alma
bajo el techo
del templo de las cien mil lámparas.
Se estremecen en el universo vicioso
los labios de las galaxias.
Y todavía digo yo más, dices tú más
si acertamos a dar con la palabra.
Niño de oro
que con una naranja
en la mano te acercas para decir,
que ya está diciendo y cantas,
¡qué miedo de pronto!,
qué miedo, nubes mudas y erráticas,
si el silencio
reinara
eternamente a nuestro alrededor,
si nadie pudiera romperlo —fantasma
vacío, dramático mar
en calma,
huesa
desenterrada,
corazón deshabitado de su sangre,
ojo sin la blandura de una lágrima—,
si nadie tuviera una lengua
de fuego, de gloria, de posible añoranza,

de música sabiamente, dulcemente
ejercitada...
A los mil años escribo
sobre el amarillo de la antiquísima página.
Háganos Dios los veladores,
los claveros y los patriarcas,
los dueños de las profecías
y de la memoria resucitada;
demos a los hijos, y a los hijos de nuestros hijos,
la mejor forma de ganancia,
el zumo de la fruta, el ojo brillante
y la boca ávida.
Por nosotros
habla
el poeta del Mío Cid,
y Nebrija y Cervantes hablan;
con nosotros escribe Teresa,
la mandadora y la bien mandada,
y San Juan de la Cruz, el madrecito,
y Fray Luis de Granada
y Fray Luis de León
y el Marqués de Santillana,
El Arcipreste, "bien mancebo de días"
que hizo "muchas cántigas de danza",
y Don Juan Manuel
y el Canciller Ayala.
A nuestra mano llega Jorge Manrique
—nardos cubriendo una mortaja—;
el autor de *La Celestina,* sangre
en el cuello de una paloma blanca,
y Garcilaso que hizo más hermosa y nuestra
la "melodía italiana",
Calderón que es una lluvia de oro

heráldica
en una custodia
de plata;
Lope, un relámpago de azahar en la noche,
un pétalo de sol en la enramada;
Quevedo, una agonía que se ríe,
una muerte que no vuelve la espalda;
Tirso, las cuatro de la tarde en Toledo
entre almendros y entre cigarras;
Góngora, una panoplia brillante
de "espadas como labios" y labios como espadas...
"No le toques ya más que así es la rosa",
así la libertad de la rosa deshojada,
así los hilos del tejido
que ordena la poderosa trama
de los nombres. Iluminad, amigos míos,
la fachada
de mi hogar escribiendo
amistad y *beso,* y *paloma* y *biznaga,*
y *magnolio* y *laurel* y *tamarindo,*
y *camino* y *pleamar* y *enramada,*
y *ciervo* y *corazón,*
y *ruiseñor* y *alondra* y *águila.*
Envolved en pañales cada letra
antes de darla
al mundo, y bendecidla
por recién estrenada.
Decid conmigo *hermano* y *hombre* y *pétalo,*
y decid *luz* y *plegaria.*
Decid conmigo *lengua,* salvación de los miedos;
decid conmigo *lengua* para que suene *patria.*

II

Me he parado en el tiempo y alguien aquí se para.
He mirado a lo alto y otra cabeza yergue
su frente que ahora imita la luz de primavera.
Lo que aquí se detiene conmigo es el lenguaje:
semilla rumorosa y elevación del fruto.
Lo que aquí se detiene conmigo es la palabra,
esa torre, cruzada de fe, que se revela,
ese corcel que pasta mis campos de ternura
o levanta sus cascos a las constelaciones
en la noche infinita que enmudece contigo
o puebla de cadencias el cuerpo de los astros.
Tú eres mi testimonio, mi cruz y mi linaje;
mi estirpe, mis paredes o mis portales eres,
mis tejados que esperan tu ruido con la lluvia,
mis hogares que hablan con la leña quemándose;
la madera que toca la amistad de los puertos,
las alas que en las alas encuentran compañía,
la fuente que mil fuentes escogidas enlaza,
el río que recibe los ríos y los nombra
finalmente y se queda solo con sus orillas.
Te adueñaste del mundo limpiamente y cantando,
solamente diciendo: "yo traigo la esperanza".
Lo que no era nombrado no existía. La tierra
prestó la emocionada cueva de sus oídos,
el pálpito impaciente de un corazón unánime
que esperaba en la sangre las claves sucedidas,
que respira, respira, y alguien escucha y sabe.
Tu mirada profunda contempló lo mirado;
después sola te fuiste sin volver la cabeza.
Te dejaste riquezas, ramos de territorios,
arenas marineras y desiertos y bosques

donde el desconocido pájaro entretenía
umbrías vegetales que no alcanzaba el sol.
Todo lo que miraste se cubrió de hermosura,
quiero decir, de nombres, que fueron pulso y orden,
y designios futuros, y amor y sal del tiempo.
Fraternidades únicas llenaron los espacios.
Tu ausencia no lo era, porque ya estaba el puente
tendido sobre el tiempo. Podías recrearte
en todo lo entregado más que en lo recibido.
¡Qué soledad de pronto si todo enmudeciera,
si el eco no llevara lo que tú le regalas!
Pero nadie está solo, nadie tiembla en el miedo
si alguien dice su nombre en un rincón del mundo.
Ahora cierras los ojos y te ves bautizando
las gracias y los símbolos y el mar y sus primicias,
los campos que la luna nevaba estremeciéndolos
y el monte inaccesible con nieve verdadera...
Ábreme puertas, puertos, viajes y travesías.
Pásame en esa barca de oro con cuadernas
que, estrechadas y acordes, establecen la música;
llévame al aire como la casa de Loreto
para que fecundemos el porvenir sonando.
Contigo voy cubierto de una ajustada tela;
el hábito me hace y tú me lo has tallado:
eres amor y él viste como Ausias March decía.

III

Conozco a los que hablan, los he oído;
conozco a los que cantan;
conozco a los que dicen la primera
palabra, a los que inventan

la rosa blanca del entendimiento;
conozco a lo que nacen con el día,
a los que si se cruzan se saludan
como en un musical y eterno encuentro;
conozco a los que van hacia la tarde
con la delgada vecindad del campo;
conozco a los que salen de la mina,
a los hacheros del pinar, a todos
los que tocan el don de la materia;
a los boyeros que en un grito juntan
la sonora costumbre del camino
con el destino oscuro de la rueda;
conozco a los que a punto de hablar callan
y ocultan la canción en el altivo
pecho y a los que baten sobre el yunque
el hierro rojo; a los que están, conozco,
alrededor del árbol milenario
que da nombre a la plaza y ocio y sombra.
Conozco a los que dicen de la vida
y a los que van a conversar con ella;
a los que con la nieve a la cintura
de las casas se acercan y repiten
sus andanzas y sus aconteceres
bajo el tejado blanco de la aldea.
Conozco la salmodia convenida
de los que juegan con los naipes ágiles,
y dicen unas sílabas y bastan.
Conozco a los pastores que contienen
los hatos bullidores del lenguaje
y los recogen cuando cae la noche.
El cuchillo del habla es su secreto,
la voz comunicante y brilladora
que espera diariamente el acto vivo

de la conversación como la espiga.
Conozco a los que, lúcidos, se cambian
recuerdos y aprensiones y memorias;
a los barqueros que dividen sabia
mente la flor del agua y luego unen
con una sola voz las dos orillas
del río y vencen con su voz las voces,
los rumores con piedras del arroyo.
Conozco a los que cantan sobre el ruido
del taller, y se mueven, y se entienden;
a los que una babel inconfundible
levantan cuando suena la campana
que clausura el sudor y la tarea;
a los que encuentran el hogar abierto,
y dejan la herramienta, y sus afanes
son la palpitación de la existencia...
Eres tú, niña mía, la palabra,
la que los enaltece y justifica:
joya de castidad, desnudo cálido,
apertura causada y oferente,
afirmación del pecho y su resuello,
tú, sal y cavidad donde se aloja,
tú, arcilla y cera, y pan como alimento,
tú, palabra, esperanza del destino,
confirmación de dos sobre la tierra.
Yo los conozco; llevan tu estandarte
en alto y, entendido, lo hermosean.
Ellos son los honderos de tu cuerpo,
los que te cuidan y te fortalecen,
los que podan tus árboles y buscan
el limo más nutricio para el bosque.
Ellos son los que eligen tu frescura,
tu luz más convincente en la arboleda,

tu resplandor que desafía al fuego,
tu majestad de estrella anunciadora.
Yo los conozco porque ya se acercan
y tú, tan suya y niña, te adelantas.
Palabra, nunciatura y compromiso,
esquila blanda, piedra salvadora,
viento que arrebatado nos explica,
arena que la arena se distingue,
gota que entre la lluvia es una y única.
Los que te traen hacen mejor el mundo;
en andas de las bocas van los nombres;
porque somos nombrados existimos;
vamos hacia la vida por el ruido,
estamos en el mar como las islas,
y es la palabra el agua que nos cerca,
y nos hermana, y nos protege, y somos
las llamas unitarias del incendio.
Yo los conozco. Van a hablar. Escucho.
Se acercan y los ídolos levantan.
Abren las puertas vivas de la música,
y la conjugación de los violines
penetra en los dominios del silencio.

IV

Ya está completa y todavía
posible, abierta y ascendida
la canción. Se adelanta el tiempo
de los conocimientos, y la aurora
opera su prodigio.
Hablan, hablaron otros
de lo que era la invención del día.

Se había completado un fuego;
a su calor venían los coloquios.
Con todo el oro, todo el viento,
toda la voz del mar; las soledades
compartidas, unidas con las luces
primeras. Con un orden se mezclaban
las claves, los enigmas.
Las bocas, mudas antes, eran
origen de la fiesta grande. Tuvo
el hombre más extensas vecindades,
hermandades más últimas y acordes...
Nebrija había dicho que la lengua
fue siempre compañera del imperio;
pero ahora el imperio es ella misma.
Ocupa paz, lugares en la tierra;
aplaca la distancia, y duele menos
el vacío entre dos que hablan y rezan.
Éste es el ámbito, el claro dominio.
Hacia las costas más lejanas,
hacia los campos y las selvas,
hacia los ríos sin orillas,
hacia los pinos y los palmerales,
un cinturón sonoro hace posible
que la tierra se cerque y se atavíe
con el alrededor del castellano.
Esta es la gran corona, ésta, la ronda;
ésta, la señalada circunstancia;
éste, el rastro que siguen los amantes
de una voz compartida sucediéndose.
Es el emperador el que ahora dice:
"Señor obispo, entiéndame si quiere
y no espere de mí otras palabras
que éstas las de mi lengua castellana,

tan noble que merece ser sabida
y entendida de toda aquella gente
que se precie del nombre de cristiana".
"Como trompeta con tambor resuena",
se canta en el *Poema de Almería*.
La princesa Isabel,
tercera de este nombre,
reina y señora natural de España,
la recibió en un código esmerado
"para que florecieran
las artes de la paz".
Pedro Mexía, el de la *Silva varia*
dice que lo aprendido de sus padres
quiere dar como herencia en sus vigilias,
Juan de Valdés, que en Cuenca fue nacido,
y que escribió el sapiente
Código de la Lengua,
dijo que ya en Italia se tenía
por galanura y gentileza
saber hablar la lengua castellana,
tan abundante, y tan gentil y noble.
Y Martín de Viciana,
nuestro renacentista,
nos dice que es la lengua castellana
"cortesana y graciosa.
inteligente y conversable".
El cordobés Ambrosio de Morales,
que estudió en Salamanca,
sentenció: "Yo no digo
que afeites nuestra lengua castellana;
lávale bien la cara,
no le pintes el rostro;
quítale suciedad y no la vistas

bordados ni reclamos;
dale buen atavío de vestido
que pueda aderezar con gravedad".
Fray Luis de León dijo:
"Yo pongo en las palabras
concierto, y las escojo,
y a todas ellas su lugar asigno".
Pedro Malón de Chaide,
que supo enaltecer la hispana ascética,
elegía las raíces españolas.
"¿En qué lengua escribieron
Moisés y los profetas?
En su lengua materna, la que hablaban
el zapatero, el sastre,
y el tejedor y el cavatierra,
y así el pastor y todo el mundo entero".
Y Fernando de Herrera,
creador de la escuela sevillana,
dice de nuestra lengua
que es grave y religiosa,
honesta, tierna, suave
y magnífica y alta.
Francisco de Medina,
profesor en Jerez de la Frontera,
escribe que no hay lengua
tan copiosa y tan propia
de significación;
tan suave al pronunciarla
y de tanta blandura
que se dobla a la parte.
De Miguel de Cervantes son palabras
éstas, sobre la lengua y su abundancia;
"Campo fértil y abierto y espacioso,

por el cual, fácilmente y con dulzura,
con elocuencia y gravedad se puede
correr con libertad,
por el que los ingenios españoles,
con el favor del cielo,
se han levantado en nuestra edad dichosa
con nombre y con ventaja".
Luis Cabrera de Córdoba,
el autor de la *Historia*
de Felipe Segundo,
dijo que, aunque sabía de más lenguas
que otras veces usó,
procuró que la lengua castellana
fuera más general y conocida
en toda tierra donde el sol alumbra.
Y Bernardo José
Alderete, que de Málaga era,
dice que si los nuestros trabajasen
su lengua castellana
y sin afectación la ataviaran
con aseo y limpieza
y con cuidado puesto en lo que adorno
y realce cupiera,
no seria inferior a otras que el mundo
alaba, y que ventaja les haría.
Juan de Robles, que fue el autor del libro
El culto sevillano,
estima que escribirla
es de ingenio ejercicio,
maravilloso y de muy grande estima.
El maestro Gonzalo
Correas, cacereño,
dice de nuestra lengua:

"Como la mar las aguas de los ríos
convirtió en sí vocablos forasteros",
también que "es grave, llena, dulce, clara,
sonora y más distante y extendida".
Y José Pellicer dice de ella:
"no hay otra tan fecunda y elegante".
Y Feijoo nos recuerda los ingenios
que supieran llegar a engrandecerla.
Y Gregorio Garcés también evoca
al copioso Cervantes
y al verso en la alborada de Fray Luis.
Forner en sus *Exequias* quiere alzarle
un justo monumento.
Que, aunque la muerte temen
y el fin de su reinado,
"es dulce lamentar de sus pastores"
el que encuentra el rebaño numeroso
con celo de sentirse conducido
al más feliz de los advenimientos.

V

No; no quiero pensar que te extravíes,
que seas el revés de lo que nombras.
¿Lo que tú has sostenido con el peso
de un único sonido dulce y solo,
andará por la tierra con sonámbulo
temblor, con madrugada que se extinga
sin alcanzar la plenitud del día?
Nadie podrá encontrarte si te pierdes.
Otro, con otro mundo, será el nombre,
pero no aquel que optó por ser primero,

víspera de algún joven paraíso.
Te cambiarán como a un ropaje hermoso
en tu más delicada antigüedad
por algo que no sabe lo que encierras
con tu primera savia en el origen.
Se cubrirá tu pátina paciente,
tu claridad de cuna meridiana,
tu apresto de heredada lejanía,
por algo que ahora venga de otro orden,
de fuente peregrina e invasora.
Ya se apresura y llega lo temido;
ya se mueve mi labio de otro modo,
cuando, tras el prodigio de los montes
que han mirado el paisaje del idioma,
se oculta el sol cautivo de los oros
que te dieron su peso y su medida.
Tú eras dócil, palabra, en tus dominios;
obedecías a la idea, alzabas
tu música sagrada a las estrellas,
pero alguien vino a desterrarte, a hundirte
en la desolación o en el silencio.
Tengo que responder con una lágrima
a los nuevos bautizos incesantes
que te quieren mudar inútilmente,
mientras tú, tan hermosa y tan primera,
habitas en las noches paulatinas
el lugar de las desapariciones.
Pero aquí me detengo a contemplarte,
a llorar tu enteza y tu abandono,
a despertar de nuevo en la espadaña
el voltear de la campana antigua.
Hasta una habitación de miel y aire
llega el eco nupcial de lo perdido,

que hace sus bodas con las latitudes
que nos hermanan y nos sobreviven.
Es como un huracán que, subterráneo,
oye bramar la tierra y la confunde.
Desde lo más profundo, la palabra
dice el amor de los que la sembraron
y escribe en las gloriosas catacumbas:
"Aquí han estado antes los poetas".
Ellos fueron las voces nombradoras;
ellos, la sucesión de los sonidos;
ellos, el pentagrama de las notas;
ellos, los que salieron con el alba,
y velaron las armas, y tomaron
la lanza, y destruyen los gigantes
del sueño, la pereza y el olvido.

VI

No estamos solos. No estaremos solos
ya nunca. Allí esperaba la leyenda
hecha verdad, allí nos esperaba,
apercibida y bien dispuesta
la remota antigüedad, que se hacía
cercanísima y nueva.
Allí se anunciaba
la proclamación de la arboleda.
No estábamos ya solos. Otros,
a nuestro lado, formaban la cadena.
Oían, nos oían y seguíamos
la claridad de la misma senda.
Entendía, nos entendíamos
ya con voces idénticas;

tirábamos al aire
la moneda
de nuestra afirmación y del futuro
de nuestra empresa.
Inaugurábamos el tiempo
con la misma primavera;
abríamos el cielo de la esperanza
con la misma certeza:
emparejados, empeñados
en la misma tarea.
Defendíamos —pechos como escudos,
lenguas
como pacíficas
saetas—
la misma
fortaleza.
Se tendían los mismos puentes, descendían
con las mismas cadenas,
y las palabras
eran,
sobre las torres compartidas,
las almenas
empavesadas
e idénticas.
No estamos solos. No están ellos solos.
Aquí está *Eldorado* para quien entienda,
aquí, mejor que todos los tesoros,
la incomparable riqueza,
aquí, en las páginas de un libro,
la riquísima herencia.
A la memoria venían
las primeras
jornadas del encuentro,

las deslumbrantes y misteriosas evidencias.
El mar, inaccesible y único
había abierto un día su escarcela
para recoger una palabra
lanzada al aire: "¡Tierra!".
Ella fue la salutación
hecha
al mundo desconocido;
ella
la que había soltado el lazo
que anudó las muñecas
del Almirante —nuevo Ulises—
al palo mayor de la carabela.
Habían cesado los miedos y las vacilaciones
y las destructoras sospechas.
Dejaron de cantar —¿vencidas
o vencedoras?— las encantadoras sirenas.
Una palabra —la palabra— dentro de un grito
sería la primera
de las que luego cumplirían
la fecunda cosecha.
Los recién nacidos meridianos
se extenderían como venas
por un cuerpo vecinal y amante
que iba a ser vergel y residencia,
mañana del mundo
que nos duplica o nos completa.

VII

Hay algo que está andando por donde yo camino;
alguien que me repite y se ajusta a mis huellas,
lenguas que están diciendo las cosas olvidadas,
que están resucitando lo que muerto creía.
Ya llega a mi palabra la resonancia nueva,
la música de hoy mismo sobre el antiguo verbo.
¿O es aquél el que suena, el que yo tuve un día,
el que en tiempos remotos se quedó en los desvanes?
Hombres jóvenes vienen, impetuosos se acercan,
entran en las antiguas salas de aquellas casas
donde, entre polvo quietos, los muebles, recogidos,
esconden su riqueza que nadie apetecía.
Pero llegan los hombres nuevos, los herederos;
descerrajan, revuelven cajones y gavetas,
y sacan las alhajas, las preseas, las joyas,
donde reconocemos de pronto lo perdido.
Son los conquistadores de hoy, son los centauros
de un tiempo nuevo, y, ávidos, recobran lo que es suyo,
recobran lo que es nuestro, lo que de nuevo amamos
porque en sus labios suena como sonó otros días
en los de los abuelos, y apenas lo sabíamos.
Veinte países cantan la canción regresada;
hablan como se abre la flor de la memoria.
Y recrean los nombres y repiten los nombres
la selva paraguaya, de andadura implacable,
que se abre mansamente con los nombres de Cristo;
el Uruguay que escucha sobre la gran llanura
al payador que inventa su copla en los boliches
y que mira el voleo de las boleadoras
y los pañuelos rojos debajo del sombrero;
Argentina con fuerza de toro en los galpones,
entre gauchos cobrizos con cintura de plata,

con los gallos gigantes de llameantes crestas
y exvotos de la Virgen de Luján entre lazos;
con Córdoba que, hablando, se adelanta a la música
y vio a Manuel de Falla, solo frente a la sierra.
Recreando los nombres, repitiendo los nombres,
orillando azuladas timideces del lago,
vienen los conductores del rebaño de llamas,
femeninas, mezcladas con pacientes burrillos
que manchan de ceniza la Bolivia altiplana;
allí cactos con flores moradas o amarillas
alzan el candelabro donde anuncian su muerte.
Y recrean los nombres y repiten los nombres
los guías que nos abren la catedral de Cuzco
—Perú de Machu Pichu— donde era una rodela
el sol, y había un pájaro que para hacer su nido
deshacía las piedras con un poco de hierba.
Recreaban los nombres, repetían los nombres
en la ciudad de Lima, huérfana de la lluvia,
como una Andalucía de trémulas campanas,
y en Caracas, que baja del Ávila y su niebla,
con rejas y cancelas barrocas en las casas,
donde yace Bolívar, y su voz, nuestra digo,
calla con la palabra *libertad* en la boca.
Y recrean los nombres y repiten los nombres
Bogotá y Manizales y Cartagena de Indias
que llega en los dorados mascarones de proa,
donde la caracola del castellano suena
mejor, y con su acento Ximénez de Quesada
le dio cuna a la lengua perfecta de Colombia;
Panamá, que ha tejido un cinturón de agua
para partir "por gala" los dos labios de América
y que trae en el lomo crestado de la iguana
los tiempos en que no eran los hombres ni los nombres.
Hablan en castellano las siete Salamancas

que alzaron los Montejo en tierras yucatecas,
donde México luce su emplumada serpiente
que repta en las pirámides de dentada estatura
y rueda bajo bóvedas el sol del calendario
mientras canta en las ramas el "clarín de los bosques".
Y recrean los nombres y los nombres repiten
mujeres habaneras que ven llegar los barcos
y extienden su mirada por los cañamelares,
cuando entre las maracas la palabra española
es una buganvilla que en Atares se crece;
como en Santo Domingo, a orillas del Ozama,
donde dejó amarradas Colón sus carabelas,
se reza lentamente la oración de la tarde
en una iglesia abierta con velas encendidas
contra la blanca luna que nieva en los jardines.
Y recrean los nombres y repiten los nombres
en Nicaragua, llena de lagos y volcanes,
donde Rubén Darío y el "divino tesoro"
de la palabra calla junto a un león dormido,
y en Honduras, profunda como su nombre hermoso,
y en el Monte de Plata, digo Tegucigalpa,
con patios andaluces —carteles y azulejos—
y ángeles que aletean bajo las catedrales.
Y recrea los nombres y repite los nombres
El Salvador, cuajado de agresivas colinas
y de floridas chacras junto a los cafetales,
y Costa Rica hablando ceceantes palabras
bajo el Irazú verde con columnas de humo,
donde ruedan carretas policromas y unánimes
tiradas por pequeños bueyes color canela;
y Chile, prolongando el alto grito andino,
ese fuego oscurísimo del reino del salitre
y el verbo de Gabriela Mistral, de lodo angélico:
"amanecer de siesta y oración no arribada".

Y recrea los nombres y repite los nombres
Ecuador cuando mide la cintura a la tierra,
llenando con sus lagos los cráteres extintos;
Guatemala que reza con alfombras de flores,
dando al suelo la gracia y el color de un vestido,
y también Puerto Rico que guarda en Río Piedras
el verso y la memoria de Juan Ramón Jiménez.
Y recrean los nombres y repiten los nombres,
con ávida distancia, las Islas Filipinas:
siete mil esperanzas que adolecen formando
un fragante collar de sampaguitas
que en el cuello del mundo todavía recuerdan
el aroma español de la palabra.

VIII

Palabra, sangre, mano desprendida y fecunda,
no sé si merecemos todo lo que nos diste.
No habría tantos hombres tan cerca de nosotros
si tu puente no hubiera atravesado el tiempo,
si tu genio profundo no hubiera alimentado
voluntades y voces y alientos y armonías.
Eres el cuerpo libre, la desprendida fruta,
tan entera que a veces no nos pareces nuestra;
la criatura habita con otras criaturas
que, vívidas, evocan la cuna y los principios.
Ésa es tu gloria y ésa es nuestra gloria, y ésa
la figura que tienes si te vemos de lejos.
Suenas de cien maneras y en cien ríos te bañas,
salimos a tu encuentro como desconocidos
y también comulgamos con lo que te enriquece
porque en ti nos sentimos más remotos y nuestros.
Tú me salvas. Te sigo. Me conduces. Te acepto.

Hijo pródigo, vuelves al hogar, pero vuelves
triunfante de armonías, crecida de ramaje.
Temí por ti algún día, temía por mí mismo.
De los propicios cielos una lluvia llegaba
que a todos nos cubría, lustral y generosa.
Se extendía la música por múltiples teclados,
por cuerdas más tensadas subían los sonidos.
A ti, la regresada, preguntamos a veces:
¿dónde has estado? Tienes como un color distinto;
te nombras por mi nombre, pero no eres la misma.
¿O sí? Ya te señala la antigua ejecutoria.
Yo también he cambiado, pero te reconozco.
Muy cuidadosamente he transformado el cuerpo,
he rozado las alas de polvo sutilísimo
y acaso te he hecho daño o he cambiado tu rostro.
Pero es mejor ahora. Una mañana se acerca
donde será tu reino más ancho y verdadero,
donde la sangre joven será fuente nutricia,
resonancia a más altos pentagramas devuelta.
"Abominad la boca que predice desgracias",
dijo Rubén Darío, nuestro gran árbol, nuestra
estrella más brillante sobre dos continentes.
Su español era mucho más español que el nuestro,
su puñado de trigo fecundó más el surco
de la lengua, y su verbo trajo el jugo sabroso
de "las savias dormidas" "hacia el lado del alba".
Tú, palabra en el mundo; tú, palabra completa,
eres fuerte, y tus armas, incruentas, refulgen
bajo el imperio eterno de las constelaciones:
brillas más que ese cíngulo de Orión en la alta noche,
brillas bajo otros cielos más que la Cruz del Sur.
¿Dónde has estado?, dime. Tú me enseñas. Te oigo.
Tú me traes a la casa la lección aprendida;

de la que aprendo ahora. Aventuras y acentos
le prestas a mi sueño, y a tus sueños me acojo.
"En espíritu unidos", "en espíritu y lengua",
va a "llegar el momento de cantar nuevos himnos".

IX

A vosotros os hablo, a los que ahora
tenéis en vuestras manos el milagro,
a los que descendéis por estas minas,
a los que trabajáis en la cantera
y una luz os deslumbra en la jornada,
a los que la palabra estáis cuidando,
a los que la escucháis y tercamente
la perseguís para alcanzar su magia;
a vosotros os digo en las orillas
de todos los caminos y a la sombra
de la arboleda en la que entráis a diario
que no dejéis la hoz ni la labranza,
no detengáis en el alfar el torno
ni abandonéis el banco en la galera.
No es más hermoso el pino en su resina,
ni el hundido metal cuando amanece,
ni el águila real dentro del aire,
ni marzo en el tejido del almendro.
"Digas tú el marinero
que en las naves vivías,
si la vela o la nave o la estrella
es tan bella".

Oíd, oíd las viejas resonancias
donde cada palabra se cobija;

reconstruid la vida y la aventura
de su existencia, investigad su origen;
viajad con ella en todas las edades,
abridle aquella luz que antes tenía,
romped los altos muros que la cubren,
dadle su peculiar rostro, elevadla
sobre los pedestales de los tiempos
para hacerla posible entre nosotros.
La palabra es un credo, una costumbre,
un horizonte y un desasosiego;
buscadle los cuarteles de su heráldica
y la tierra solar de su hidalguía.
No es más hermoso el sol en el crepúsculo,
ni el mar que acoge al fuego en la tormenta,
ni la cigüeña en alto con el nido,
ni la ermita sonora en su espadaña.
"Dime tú el caballero
que las armas vestías,
si el caballo o las armas o la guerra
es tan bella".

A vosotros os digo, guardadores,
elegidos que hacéis la centinela,
los que venís de las jornadas duras
donde con las tinieblas os perdíais.
Tenéis la servidumbre del lenguaje
y el señorío del lenguaje: el orden,
el límite, la libertad y el peso,
y el ala y la ocasión de la palabra.
Vais a buscar su sal y su armonía,
sus celosías y sus certidumbres,
sus campos de feraz entendimiento,
sus cárceles jugosas y elegidas,

sus abandonos y sus fortalezas,
sus laberintos y sus vecindades.
No es más hermoso el despertar del fruto,
la víspera latente en la crisálida,
la flor abierta que fecunda el viento
o la arista escondida del cuarzo.
"Digas tú el pastorcico
que el ganadico guardas,
si el ganado o los valles o la sierra
es tan bella".

X

Ya sé que escribo a los mil años,
que mi mano se mueve ahora
como si fuera un junco solo
que batieran todos los ríos,
que descubriera la tibieza
de la tierra, el peso del aire,
que alertara a las criaturas
y apretara todos los frutos.
Oh, palabra, mi compañera,
mi soledad, conmigo sola,
con la que hablar a Dios un día.
En tu espléndido territorio
se ha hecho la luz de pronto. Surgen
entre todas las claridades
los peldaños hacia su trono
y la totalidad del fuego.
Bajo "la voz a ti debida"
eres mi heraldo y mi proclama,
eres mi báculo y mi brújula,

y el valladar de mi sendero
por donde voy apercibido.
No sé cómo ha sido el hallazgo.
Ya te digo, "sin ser notada"
has abierto la puerta de oro
y he penetrado en tu sagrario.
Me reconozco porque eres.
Porque estás, te llamo y acudes.
Pero te gano con esfuerzo
y te conquisto a cada instante,
y eres amor que me provoca
y me conforta, y se adelanta
a mi concierto con los hombres.
Ya sé que escribo a los mil años
y que no te merezco ahora
cuando luces todas las galas
que se espejan en mi pobreza.
"Ámame más para ganarte",
para llevarte de la mano
sin herirte, para que veas
todas las cosas que posees,
de las que eres anunciadora.
Si tú quisieras, "yo sería
tu escudero" para servirte
ciegamente que, sin los ojos,
yo llevaría tu mensaje
al más allá de los deseos.
Digo y escribo. Y tú, palabra,
me representas y cautivas;
no son tus rejas, son tus brazos
los que me encierran tiernamente.
La luz que nace de ti misma
nos guiará por la tiniebla

—"que el puro resplandor serena
el viento"—; avanzaremos juntos
al son que tú mides y acatas.
Se abren el mundo y las edades,
y tú serás apetecida
por los que esperas y te esperan.
Otros mil años de horizonte
tienes delante. El río pasa,
la vida pasa, y tú la llenas
de plenitud y entendimiento.
Tú eres sonora, dulce y llana,
como trompeta y tambor suenas,
eres galana y gentil eres,
cortesana, abundante y noble,
inteligible y conversable;
eres honesta, suave y tierna,
y religiosa y grave y alta,
y copiosa y propia y magnífica,
fértil y blanda y espaciosa,
y elegante y fecunda.
                    Ahora,
palabra, no me desampares.
Yo no sabré decirte tanto
como te han dicho los ingenios.
Me he quedado contigo a solas
y, apenas levantar las alas,
no he podido con tu bagaje.
Digo que sólo en un momento
me ha vencido tu resplandor,
supremo don, limpia moneda
inmerecida y refulgente.
Me has acercado tu hermosura
y, deslumbrado, no he sabido

entretenerte y descifrarte,
pero contigo está mi vida
y mi oficio te pertenece.
Yo soy un niño, un colegial,
un aprendiz de lo que enseñas.
Ábreme el aula de tu pecho.
Es la del alba, la hora justa
de tu verdad. Vamos. En marcha.
Digamos *Dios* y *Amor* y *Madre*.
Ya no te llevo yo. Me llevas
tú, de la mano, como siempre;
tú, de la mano, a la mañana;
tú, de la mano, al infinito.

NOTA: *Para la composición de la estrofa VII del poema se han tomado algunas expresiones de las prosas americanas de Agustín de Foxá.*

SONETOS ESPAÑOLES A BOLÍVAR
(1983)

EL RETRATO

Alta la frente, pálida y surcada
de caminos. (¡Qué bien reparte el viento
la fina red del pelo ceniciento
sobre la sombra de la piel tostada!)

Boca de un fino trazo dibujada,
ojos oscuros donde asoma atento
el ardiente volcán del pensamiento
y una viva sonrisa inesperada.

Breve la talla, angosto el pecho, el paso
decidido, y aún firme en el ocaso
midiendo cada pena en los regresos.

Todo él un campo erguido de batalla;
bajo el cuello cerrado, una medalla.
Y América temblándole en los huesos.

MANUELITA SÁENZ

> *Ha pasado un caballero*
> *—¡quién sabe por qué pasó!—*
> *y se ha llevado la plaza*
> *con su torre y su balcón,*
> *con su balcón y su dama,*
> *su dama y su blanca flor.*
> ANTONIO MACHADO

Quito vio que pasaba el caballero;
los cascos del corcel entre las rosas
iban clavando ardientes mariposas
en los ojos oscuros del guerrero.

Era en aquel balcón donde el arquero
manejaba sus flechas venturosas:
ojos de Manuelita en que las cosas
recobraban su fuego más primero.

Allí sí que brillaba, como antes
entre el laurel tejido los brillantes,
la mirada... ¡Era tiempo todavía!

No roba quien alcanza lo que sueña,
y él se llevó el balcón, y la quiteña
dama, y la blanca flor que le ofrecía.

¡TRIUNFAR!

Contra aquella pared del triste huerto
    de Pativilca, casi derribado,
    como un árbol sin hojas y asomado
a la pálida luz de un sol incierto,

¿eras el genio de la guerra o muerto
estaba ya tu pecho de soldado?
¿rendía ya tu nave su costado
al abrigo oscurísimo del puerto...?

En la angustia mortal de aquella hora,
alguien te preguntó: "¿Qué harás ahora?"
Rompiendo el aire con tu voz entera,

"¡Triunfar!", dijiste. Y la palabra pudo
cubrir de flor el árbol tan desnudo
y anunciar la cercana primavera.

LA MUERTE

> *"¡Vámonos, muchachos! Lleven mi equipaje*
> *a bordo de la fragata".*
>   *(Palabras del Libertador antes de morir).*

Sublevada la sangre en los volcanes
    extintos de las venas, "No —decías—;
    el lecho, no". Las cuerdas preferías:
temblor de mar y vuelo de alcotanes.

Se quebraban en flor tantos afanes,
tantos triunfos de tantas rebeldías,
tantos desmesurados mediodías...
Fuera, la sombra de los capitanes.

"Vámonos ya; que lleven mi equipaje
a bordo..." Y no. Bastaba para el viaje
la mano del Señor, ya tan cercana.

Atrás, sí; la fragata que fletaste,
veinte velas que al viento desplegaste,
veinte nombres de tierra americana.

PIEDRA Y CIELO DE ROMA
(1984)

VELÁZQUEZ PINTA LA VILLA MÉDICI

Subo desde la barca, entre las flores
—ya no piedra, peldaños vegetales—,
a Santa Trinità dei Monti: iguales
cúpulas con distintos resplandores

en la tarde de oro, que ahora llega
reptando a Villa Médici. Sus muros
con el sol que se apaga son más puros,
y Velázquez los copia y los sosiega...

Tu diste más espacio a los espacios;
no te cegaron torres ni palacios
y viste lo no visto todavía,

orillando los verdes del Boschetto.
No cabe lo pintado en un soneto,
pero sí en tu pintura el alma mía.

LA CREACIÓN DE ADÁN
MIGUEL ÁNGEL, *Capilla Sixtina*

Ese dedo de Dios, eternamente
acercándose al hombre —y no lo toca—,
ese soplo encendido de su boca
que da sentido a un torso y a una frente,

ese ser poderoso y derribado
que recibe la llama de la vida
en la carne, de amor estremecida,
en el barro, de amor humanizado,

no son tuyos; no has sido tú el maestro,
ni el creador, ni el oficiante diestro;
no era tuya la mano que pintaba.

Eras el obediente y conducido.
Dentro de un paraíso, aún no perdido,
también a ti el Señor te señalaba.

LAS SIBILAS
MIGUEL ÁNGEL, *Capilla Sixtina*

Aquí unos ojos claros, aquí un manto
ceñido, un pie desnudo, una cabeza
bajo la luz, un libro donde empieza
cada misterio a revelar su encanto;

también su laberinto indescifrado
y todas las preguntas sin respuesta;
aquí la mano desmayada y ésta
que acaricia el mensaje desvelado.

Delfos y Persia y Eritrea y Libia
y Cumas: las edades, las ciudades...
Un viento frío y una carne tibia.

Los genios y las lámparas ardiendo;
con las adivinanzas las saudades,
y el hombre preguntando y no sabiendo.

LOS ATLAS

MIGUEL ÁNGEL, *Capilla Sixtina*

Ah, la carne, la carne y su mudanza,
y su esplendor, y su alto mediodía,
y su catarsis, y su melodía,
y su razón de ser, y su esperanza!

El músculo exaltado en su pujanza,
el pétalo extremado en su armonía,
el grito más allá de la alegría,
la agonía más cierta que la danza.

Torsos y piernas, tallos, cuellos, brazos,
manos, y poderosos los abrazos
de las telas rizando las alturas;

hombres sobrevolando sus escalas,
ángeles verdaderos y sin alas,
fieles, desamparadas criaturas.

DESDE EL PUENTE CESTIO AL FORO ROMANO

He cruzado los puentes y he sentido la piedra
gris; he rozado el templo, la hierba en la calzada;
han subido mis ojos hasta los capiteles;
he sido una columna pensativa y errática.

La soledad aumenta donde esperan los siglos,
donde cumplen los siglos silenciosas jornadas.
¿Quién ha tocado el viento como yo en esta tarde?,
¿quién con sus pensamientos ha detenido el agua?

Hace ya muchos años que anduve estos caminos;
traía torreones de sangre y de esperanza.
¿Quién los ha derribado —ruina sobre las ruinas—?,
¿dónde encontrar su música jamás recuperada?

Arcos los de mis ojos, abiertos a la tarde,
mármol el de mis manos donde el frío resbala,
recuerdo el de mi frente con un surco profundo,
mejillas sin caricias y boca sin palabras...

FORO ROMANO

Hay un silencio musical, y el oro
del sol que va escalando las estrías
de los fustes encuentra mudas, frías,
las columnas —vigías— en el Foro.

La piedra herida se lamenta; el coro
de los dioses se vuelve a aquellos días;
las estancias deshechas y vacías
no albergan ya su caracol sonoro.

Bajo estos arcos de perdida gloria
pasó la esclavitud de los vencidos
y el vivo resplandor de las espaldas.

Pasó también mi canto a la memoria:
dos tiempos silenciosos y perdidos,
dos melodías solas y encontradas.

EN LA NOCHE ROMA ES UN MAR

"Blancas de luna, las estatuas son mármol de silencio...
Sí, las sirenas de Roma son las estatuas...
EUGENIO MONTES*

Mar de Roma en la noche, que te inclinas
como una cabellera, tan oscura,
que avanzas hacia el día, sola y pura,
jugando con el viento en las esquinas...

Cúpulas que se elevan sobre ruinas,
estrellas que sonríen en la altura,
columnas que nos miden la estatura,
olas que sobrepasan las colinas.

Noche de la ciudad, abre tus fuentes:
que pasen silenciosas por tus puentes
y apasionadamente por mis venas.

En Roma son los templos los navíos;
en Roma sombra son los ojos míos;
en Roma las estatuas son sirenas.

EN LA TUMBA DE KEATS

Cementerio de los Protestantes

A quí yace Adonais. Su nombre
estaba
escrito
sobre el agua".
Ni una flor, ni un poema,
ni una oración hablada...
Yo te traería
una muchacha
que he visto
esta mañana.
Se cubría con un sombrero
de paja
rodeado por una cinta
encarnada.
Tenía los brazos redondos
y la piel muy blanca;
parecía una columna cubierta
de telas agitadas;
era un enigma
para mí;
una catacumba cerrada,
una remota noticia del amor,
el mismo amor recuperando sus alas.
Se movían sus hombros, sus caderas,
porque sonaban
las cuerdas melancólicas
de una guitarra.
Ella no sabía
que estaba
al lado de la que fue

tu casa...
Te la traería ahora
para
que
pasara
un momento
junto a esta lápida
y
rozara
tu frío con la tibieza
de su falda.
Te prometo
que iré a buscarla.
Es posible que ella se asuste
—"los viejos y Susana"—
como una corza
sobresaltada,
o que acaso me siga, vagarosa
como un pálido fantasma.
Estará, como siempre,
eternamente sentada
en la *barbaccia*
de la
Plaza
de
España.
Indiferente
y descuidada,
no se sabe un misterio
ni una rosa que estalla;
no sabe que es una evidencia de vida,
indeleble y arrebatada,
como tú eres el verso que no borrará nunca

la arena de ninguna playa...
"Sonríe el blando cielo, el leve viento
susurra, dulce: Es Adonais que llama"[1]
Adonais, Adonais,
reja trenzada,
laberinto que a sí mismo
se engaña,
súbita revelación
enterrada,
verso que en lo oscuro se tiende,
urna de oro sacra,
y en esa urna, ceniza
delicada.
Aquí yaces entre silencios,
mudo ya como una campana
descendida
de su espadaña
que un día volteó entre las cigüeñas
de nieve amanecida y desplegada.
Corazón sorprendido en un sueño,
labios en el barro y garganta
implacablemente
segada.
¿Qué haces entre otros muertos?,
¿cómo respondes a quien te llama...?
La pirámide Cestio
señala
un cielo gris, ahora
con una nube malva.
He pasado la Puerta de San Pablo,

---

[1] "Adonais", LIII. Shelley. Versión de Vicente Gaos.

cerca de la muralla.
El monte Testacio
se elevaba
sobre los vasos rotos
y los restos de las ánforas.
Minerales brazos,
asas,
cuellos, bocas hundidas,
acalladas,
que nunca tuvieron
el don de la palabra...
El cementerio de los Protestantes
es como una bandera verde y blanca
—hierba tierna y sol húmedo
entre las lagartijas rápidas—.
Nadie en la tarde
me acompaña.
Hay que aprender a estar solo y muerto
definitivamente hasta
el final de los siglos de los siglos.
(Y aquí mismo, la aljaba
del amor tuvo sus flechas
preparadas,
aquí donde la vida todavía
es una imitación de la esperanza).
Hay que morirse de cualquier manera
cada mañana...
Ella estará allí todavía,
sentada,
dejándose mirar como
si tú la miraras;
allí, quieta y ausente
como una sirena anclada;

sin pensar
en nada,
inexpugnable y hermosa,
y caiga
el que
caiga;
dejando su mano
abandonada
para que sus dedos sean
acariciados por el agua
que intenta copiar
tu ventana
en la
barbaccia
de la
Plaza
de
España.

GALIANA
(1986)

Quién es el vencedor?, ¿quién el vencido?
En el amor no vence nadie. El hombre
no vence en el amor. El amor vence
sin nadie, sobre nadie. Es el olvido
quien pisa su coraza luminosa
un día, y luego sombra, y luego nada...
Yo no fui el vencedor. De aquel Toledo
no queda nada ya, ni de aquel niño.
El barro aquel, la tarde aquella, el tiempo
no eran verdad. La niña rubia, arriba,
no era verdad. Yo soy la leyenda
que permanece en la penumbra, y duda.
Y nadie sabe. Y no existió Galiana,
ni el oro enfrente o la muchacha en brazos
de los balcones. Y la mano escribe
sobre otra mano pálida y distante
que se perdió en la turbiedad de río...
Aquí está aquella Puerta de Bisagra,
y el dintel y los arcos de herradura,
la fila de troneras, las almenas
donde el azul se vuelve gris y plomo;
el Cristo de la Luz, las califales
cúpulas diferentes; la mezquita
de El Salvador, la piedra y el ladrillo;
las Tornerías y los Baños árabes;
los saledizos rojos de Santiago

del Arrabal, el Cristo de la Vega
y el cementerio musulmán; las aves
negras en campo de oro del Corral
de Don Diego, sus muros esmerados;
las filigranas de las yeserías
con el nombre de Alá multiplicándose.
Y Galiana, y su ruina, y su memoria...
Pero te busco y tú no estás, Galiana.
Nunca fuiste. Ni yo soy. Ni mi triunfo
sirvió de nada.
                    Dicen que vencido
fue mi rival, y que tu mano dulce
fue el premio de mi audacia y de mi robo,
y de mi guerra y de mi duelo. Es cierto.
Es cierto: de mi duelo, sí, del duende
que me persigue, de la queja insomne
que corre, peregrina, por el río
y entristece a Toledo y lo rodea.
Eso sí permanece: la escritura
en el oído atento, el alarido
inacabable, prolongado, el fondo
de Dios que el amor tiene, y esas manos
tendidas hacia el agua que extremadas
fueron en su gozosa regalía.
A veces la palabra es el silencio,
la maldición, la calma sobre el bosque;
y la huida en el mar encadenado,
y el vaso, la mortal forma del agua.
No alcanza ya el amor quien ha tenido
el amor, y al amor aquel se vuelven
los amarillos besos, y los labios
con memoria amarilla en su marchita
rosa amarilla que la edad deshace...

¿Te llamabas Galiana? ¿Se llamaba
Galiana aquella dama que corría
entre las clases por el sol del patio
y rompía las cuestas de Toledo
y abría el trigo por los cobertizos?
¿Quién es el vencedor? Y me pregunto,
el vencido ¿quién es? ¿Tú, que en la noche
gritas por el amor que yo he olvidado?
¿Tú, olvido mismo, que te enseñoreas
en esta soledad abandonada
que yo he buscado a espaldas de los dioses?
¿O esos hombros que esquivan la belleza
a esa otra mano a la que pertenecen?
(Sobre el hombro derecho se leía:
"Estoy hecha por Dios para la gloria")
Ya no se va tu santo al cielo; el río
espera inútilmente aquellos peces
rojos, precipitados, del verano:
espera al niño que endulzó la tierra
con su propio sabor. Y su albedrío
bastaba a la esperanza y al deseo.
¿O soy yo el vencedor? Los vencedores
apiñan sus trofeos, sudorosos.
No duermen. Les desvelan los laureles.
Miran en torno y están solos. Lloran
con las manos vacías de victoria,
con el hastío en las mejillas pálidas.
Los vencedores, los supervivientes,
en su torre de luz encarcelados
muestran las indelebles cicatrices
del arma moribunda, del acero
del contrario, que brilla en la alta luna
desde los ojos de su calavera.

Abren el memorial de los desastres,
las atalayas que mantiene el viento
y las arboladuras sobre el casco
del barco, destrozadas y solemnes.
Pero los señalados aún insisten:
aman sobre el blancor de una mortaja
y otra mortaja. Los resucitados,
frenéticos, son muertos y lo saben.
La mano inconcebible de la nieve,
la mano diminuta del rocío,
la mano paulatina de la lluvia,
y el trueno con su voz indescifrable,
y el beso del relámpago, furtivo,
y el del sol extremado, extenuante,
y el de la estrella más allá del éxtasis...
Todo son signos del amor, Galiana,
sobre el osario de los torreones,
todo labios mojados, resbaladas
gotas que la deshecha piedra absorbe.
Ya no sé dónde estaba la escalera;
no hay apoyo en la tierra ni en el cielo
para llegar a esa peldaño último
donde un cuerpo de luz y otro de sombra
inventan la armonía estremeciéndose.
Un desterrado es el amante, y tierra
la lejana mentira de su patria.
El vencedor se mira y no conoce
el barro aquel, la tarde aquella, el niño
aquel, la piel espléndida y dorada
y el sufriente silencio esperanzado.
Amar después fue comprobar el hueco
de un pozo, y un abismo, y una soga
en el cuello viviente y estrechado.

Pudo más el vencido en su agonía;
murió de amor diciéndolo, gritándolo
y el grito permanece sobre el tiempo.
Es verdad la leyenda, y es mentira
la sucesión amante de las noches
y el canto repetido del que ama.
Es verdad la leyenda, el alarido
de un dios que desafía a Dios quejándose.
Sube el grito a las calles de Toledo;
vuelve a bajar al río y nunca cesa.
Ahora se acerca, navegado y cómplice,
vengador y rehén y testimonio.
El perdedor es un adelantado
de su propio final.
                    Y yo soy otro.
Soy el vencido, el que termina amando
la soledad de todos los silencios.
Las aves humilladas son más altas
que nunca, se tropiezan, se deshacen,
se arrastran como dioses que regresan.
Y aquella voz, Galiana, que es el río,
la ronca voz del río interminable,
está sonando en mí y entre los besos
que no me pertenecen y me envuelven.
Choca en el arrecife de los astros,
desprendidos de las constelaciones,
el trágico costado del navío.
El mascarón de proa es tu desnudo.
(La voz de la paloma en el boscaje
repite su canción de rama en rama).
En las cuadernas suenan nuestros huesos.
Mi olas te acarician sobre el mar.
Galiana, amor, Galianas mías, mías,
y de la muerte ya por vencedoras.

EL NOMBRE

Yo te llamaba Galiana
porque era aquella leyenda
que de niño me contaban.

Niña prohibida, a los altos
barandales asomada.

El oro se hacía cobre,
lisa la tela bordada,
y debajo las dos frutas
iguales y deseadas.

Un día, sin saber cómo,
supe cómo te llamabas,
pero en las noches con luna
yo te llamaba Galiana.

SONETO FINAL

Son estos torreones de Galiana
barcos que iban al mar. Cerca del río
atardece el antiguo poderío
de la gracia tardía y musulmana.

Tarde sube a Toledo la campana
que, insistente, golpea el metal frío;
tarde toca a rebato. Y el envío
de mi voz llega tarde a tu ventana.

Siempre se hace de noche en mis ciudades
y el tiempo ha derribado en las edades
mis castillos de arena; de amor, digo.

Tarde ha llegado un niño a ser un hombre;
tarde el Tajo a Lisboa con tu nombre;
tarde mi corazón como testigo.

CARTA A LA MADRE
(1988)

Cuánto amor hay debajo de la tierra!
    Te escribo, madre mía,
    mirando al aterido
desnudo del crepúsculo,
en una tarde en la que ya no estás
ni puedes apoyarte en mi costumbre,
cuando unas nubes tenues, sin destino,
pretenden aliviar, inútilmente,
con un destello de color lejano
el dolor de este cielo que me sigue
o me precede, perro fidelísimo.
He arrojado muy lejos mi memoria,
y él vuelve jadeante,
sin nada entre los dientes
agresivos y blancos;
otras veces el perro del recuerdo
se queda atrás, y vuelvo la cabeza
y no hay nadie esperándome
¿Nadie ha vivido nunca en estos ojos...?
"Todavía mi queja
es una rebelión;
su mano pesa sobre mi gemido".
Tú ¿dónde estás? No sales a tu hora.
Estrella mía, aliento
cristalizado, barro ilustre, piedra
hacia tu destrucción inevitable;

moneda de oro atesorado y mío,
ennegrecido y ciego, fría escoria
y desembocadura
de un río caudaloso
que no va a retornar hacia sus fuentes.
Te escribo desde un árbol y una rama
y en un paisaje donde estabas quieta
como una hoja perenne,
sin estación, ni nieve, ni cellisca,
ni vendaval. Estabas. Y esos es todo.
Te escribo y sé que escribo
para que no me leas;
las cartas —ya lo sabes—
son del que las escribe.
Y llora el propietario de esta carta
en la desoladora
tristeza de su verso;
el avaro de amor, lleno de espanto,
golpea muros, puertas y ventanas
ante la oscuridad del cuarto oscuro.
Mientras escribo, madre,
con cuidado, tú puedes asomarte
—aunque yo sé que nunca oiré tus pasos—
por detrás de mi hombro
para que en mí te veas prolongada
con palabras tardías y sangrantes
debajo de los astros veladores.
¿Quién va a medir mi tiempo desde ahora,
la huida levantada de los pájaros,
la inexorable perdición del sueño,
la carcoma que activa los relojes?
Porque tú eras el aire y su finísima
trama, como el arroyo en un discurso

que, cuando menos fuerza lleva, y pasa,
deja ver los diamantes de su fondo.
Si te acercas, asómate con tiento,
camina de puntillas por si acaso;
que no te vea caminar, lo mismo
que no te vi morir ayer —"ven muerte
tan escondida"— y lee un poco si puedes,
si te dejan tus ojos y separas
un momento la tierra que los cubre.
Habían ya perdido su exquisita
ventana azul y la certera espada
que llegaba a mi pecho sin herirme.

Hoy te escribe esta carta
la misma mano que jamás te ha escrito
y que ha sobrevolado por tus sienes:
cinta que se hace suave y que corona
la torre y la circunda en su silencio.
Nuestras dos soledades se agigantan;
un sudario se extiende al mediodía,
debajo de una lámpara sin luces,
como un mantel de llameante albura.
Vas a comer, de nuevo sola y triste,
sumida en tu abandono acostumbrado.
En el armario con barniz y estrías
—mi "escalón de madera" se percibe—
hay un trozo de dulce con la huella
de tus dientes. Contigo va a la nada
desde la nada; alcanza las meriendas
que yo dejaba en el helado alféizar
de la ventana aquella del colegio
donde el vitral se deshacía en luces
que le daban color a la tristeza.

Si mirar es mi oficio ¿para qué lo he aprendido?
¡Ay, ojos que no ven, que no ven nada ahora!
Tan cerca de una hermosa mañana —y tú muriendo—
de junio —y tú muriendo—, y yo lejos, y Mérida
recogiendo un ardiente sol en las piedras húmedas,
rama, María, madre, con rocío temblando,
con Dios que ya no llora de llorarse a sí mismo,
y las mismas cigüeñas sobre los acueductos,
y el tren que me acercaba a lo desconocido,
y el esplendor del día llevándote a la sombra,
y avanzar sin sentido, ya sin arte ni parte,
y tarde hacia tu invierno, definitivo y único,
al que tanto temíamos desde aquel largo otoño.
Dime que fue muy breve, y que estaban mis labios
en tu frente, en tu mano, en el peso del aire
que se te iba negando, donde acaso mi nombre
—nunca fuera tan alto pronunciado y cernido—
fue amado sin medida y ahogado en el silencio.
Dios con su mano activa dispuso las arenas
y escribió lo más dulce que tú me deseabas:
"Que me encuentre dormida" Y ¿en qué sueño, Dios mío?
"Y he esperado despierta porque esperar es bueno".

(Hijo ¿hacia dónde corres? Y no llegas ahora.
¿En qué dunas se hunde tu andar desentendido
y por qué te has parado a mirarme en los árboles,
a pensarme en los árboles, si yo ya no soy canto,
ni pájaro, ni nido, ni fruto que la umbría
proteje, ni siquiera la desazón del viento,
ni nube amparadora de la tibia arboleda?
Corre; llega deprisa... Pero, mejor, no llegues.
Las plegarias, inútiles, no alcanzan su infinito,
ya paran nuestras voces los muros terminales
y acoge nuestra súplica un silencio no usado.

¡Ven, ven! Tú me dijiste: "yo vendré si me llamas".
Y no es verdad ahora... ¿O has estado aquí siempre,
sujetando los dientes del implacable lobo
para que no cumpliera su hambrienta dentellada?
¡Ven pronto! Están llamando, y nadie abre la puerta.
¡Abrán! ¿Nadie lo oye? Tiene que estar ahí.
¿No suena en la escalera su paso? Y esa sombra
que veo en la terraza ¿no es la suya y lo anuncia?
Él no faltaba nunca, y ésta era nuestra cita,
nuestras horrorosa cita, pero ahora ambicionada.
¡Oh, no! Mejor no llegues. Falta una vez un día;
detente contemplando la belleza del mundo,
algo que con su esencia detenga la mañana
y que a ti te entretenga con la luz de la vida.
Todo lo he compartido contigo. Era tan poco.
Y en poco se destruye su fingida estatura,
que contemplamos juntos. Se estaba bien allí.
Dios era tan pequeño, tan suficiente y justo.
¡Párate, oh Dios, ahora, a orillas de mi cama!
Entibia tanto frío. ¡Detente! ¿No me oyes...?
Están llamando, estaban llamando, está llamando.
Es él. Apenas oigo, pero suena su música;
está sonando dentro de las alas del águila,
dentro de la tormenta y en lo hondo de un valle,
y en estos arañazos últimos de mis manos
y que acercan las sábanas húmedas a mi cuello...
Decidle cuando llegue que me he dormido, que esto
no es nada, que la nada no es nada, que no baje
de ese tren que le acerca y que suena tan lejos.
¿Y esa sombra, esa sombra que pasa, no es la suya?
¿O soy yo misma dándole oscuridad al aire?
¿O son mis ojos ciegos que no lo verán nunca...?
No, que no llegue ahora a esta tierra sin nadie
donde yo era su patria).

Eramos tres, Señor, en la mañana
del domingo. Ya estamos Tú y yo solos.
Lloro contigo, sí; Señor, no digas
que no compartes mi dolor. Mis lágrimas
tienen que ser materia tuya, formas
de tu existencia. Sí, yo sé que existes
porque eres la tristeza de mi llanto,
porque Tú eres la lágrima que toca
mi mejilla, que dura y que resbala,
que llega hasta mis labios con los tuyos,
y los haces amargos, y me dicen
que Tú eres el testigo y el artífice
de la desolación.
                    Amo, llorando
contigo, que lloraste ante la tumba
de Lázaro, tu amigo, y lo resucitaste.
Lloro contigo que dijiste: "Honra
a tus padres". Y hoy su honor y el mío,
Señor, es esta lágrima que es tuya
porque Tú la provocas y la asumes.
Ámbitos, y jardines, y cristales,
y, en el verano, la presencia hermosa
de todo a lo que puedes dar la vida,
y ver de pronto en ésta que me has dado
una manera de esperar la muerte,
un entretenimiento y un oasis,
un juguete fugaz, un mecanismo
que se rompe enseguida, y se detiene,
y nos detiene en la altamar del día.
Señor, qué juego inútil, cuánto engaño
de prodigiosa luz y de esperanza:
una palabra sin sentido, un arco
tensado en el vacío. Y el arquero
pasa por una lluvia y no ve nada.

Si detrás de esa lluvia no estás, madre,
es que no hay nadie que me espere. Cantan
los acordes del agua en la tristeza.
Llora el agua por todos los nacidos
y por todos los huérfanos del mundo,
y por todos los mundos que ahora lloran.
Solos estamos todos; noches
somos de un acabado firmamento,
muertos en equilibrio, como astros,
como cuerpos girando, interminables,
sin alcanzarse nunca, sin tocarse
jamás, ni un solo instante en tanta nada.
Ahora recuerdo aquellas nervaduras
de la hoja que fui. Tú, madre mía,
eras el árbol, y tu mano dulce
pasaba por los ríos crecedores
que tú hiciste una vez dentro del aire.
Tu parque era pequeño, y limitaba
conmigo y con mi humilde precipicio.
Era la soledad junto a una tapia
de almenas y ladrillos desiguales
asomándose al sol con cada aurora.
Por esta hoja abrías el paisaje,
y tú apenas notabas la miseria
de tu participante mansedumbre.
Y eras la soledad, y estabas sola,
y sonaban los goznes de la noche,
y estabas sola, y al decir mi nombre
preguntabas a Dios, y Dios no oía,
no contestaba, y tú tenías miedo
toda una noche, y otra noche, y otra;
tanteabas la sombra con la mano
buscadora. Y el niño ya no estaba.

El niño era aquel hombre. Y no servía.
Y no se hacía niño, ni respuesta
de Dios, como en un tiempo en que no hablaba
y era la voz callada y suficiente
en el silencio universal del mundo.
Sobre tu espalda triste y poderosa,
árbol de junio, árbol de amor, yo era
como una primavera consistente,
una apariencia erguida, un desafío.
Y estabas sola, luego, sola y última;
sola y aquí la muerte, desgajada
de tu ambición solar, tan diminuta...
Dime que no se hicieron ese día
de plomo y lodo los alados sueños,
dime que no cayeron como copos
de sangre y noche los lucientes pájaros,
que te dormiste de verdad. —¿Lo han dicho
para que yo te piense así, tendida,
a punto ya de despertar y verme?—.
¿Y has despertado, madre? ¿Dónde? ¿Dónde...?

MAR VIVIENTE
(1989)

MEMORIA DE MI MADRE DESDE EL MAR

Si miro el mar ahora está tu pura
mirada en ese rostro amplio y sombrío;
plata y azul, y niebla sobre un río
que alcanza ya su desembocadura.

Plata y azul. Y niebla que perdura
sobre mi corazón muerto de frío,
extraño a los rigores del estío,
sin más calor ni luz que su amargura.

Si yo durara como el mar y viera
en mi espejo tus ojos y pudiera
conservar algo tuyo todavía...

Pero mi mar termina en esta arena
y tú no durarás más que mi pena.
¿Qué será de nosotros, madre mía?

NEGACIÓN DE LA AURORA

Yo sé que es una música lo primero que llega;
luego es una palabra que apenas dice nada;
pero en ella ya esconde su luz la madrugada
y, vidente, se eleva desde la noche ciega.

Tú eres, mar, como un manto que se abre y que despliega
su soledad e invade la mía abandonada.
Yo fue el dueño de oro de la espuma rizada,
el dios crédulo y puro de la orilla andariega.

Vuelve a la piel la linde de aquella carne hermosa
donde el sol persistía con su lumbre celosa
y escribía belleza donde ya estaba escrita.

No amanezcas, oh mano, que todo lo desnuda,
y tú, palabra mía, quédate siempre muda
y que la muerte exalte tu apetencia infinita.

"DEL CAMPO Y SOLEDAD"

Del campo y soledad dije algún día...
De soledad y mar hoy me rodeo;
pero en el campo aquél pienso y me veo
cerca de aquellos pinos todavía.

Lejos ya el joven corazón tenía
la misma soledad, y soy el reo
de amor que entonces era, aunque no creo
en muchas cosas en las que creía.

Venid, pinos, al mar; palos mayores,
creced en mis navíos interiores,
que van confusamente a la deriva.

Todo es inalcanzable entre la bruma:
sobre el acantilado, la alta espuma,
y ayer, la cumbre con la nieve altiva.

SE PIDE EL SILENCIO DEL MAR
(Quevedo... César Vallejo...)

*E*sto son mis memorias, mis afanes,
mis confesiones hasta donde puedo,
lances de mucho amor y de algún miedo,
esfuerzos de pigmeo entre titanes.

Me dieron unos peces y unos panes:
unas palabras. Y alguien con el dedo
pronto me amenazó. Estaba en el ruedo
mi carne entre los dientes de los canes.

¿Son otros o los mismos todavía...?
Siguen ladrando... Y él no les hacía
nada... Con palos y con cuerdas pegan.

Enséñame a callar como tu callas,
oh mar, en el silencio de tus playas.
¿Son galgos o podencos los que llegan?

EL RELOJ DE ARENA

Mis palabras se van como esta arena
por el paso sin luz de la garganta
que estrecha su caudal y que decanta
las horas, los silencios, la condena...

Las cuentas interiores de la pena
no le dejan espacios al que canta,
y hay un cristal que fija y abrillanta
y vuelve a unir lo que desencadena;

eslabones del alma fría, roja,
midiendo por instantes la congoja
para desembocar en lo sabido.

Se colmaba en lo alto con la vida
y ahora cae sin cesar, lenta y suicida,
en el pozo insondable del olvido.

SONETO A MADRID
(1991)

SONETO A MADRID[1]

Centro de España, corazón, latido
de fecundas y unánimes orillas,
almena singular de las Castillas,
faro de luz, señero y repartido,

eres un libro abierto y ofrecido
—siete estrellas, setenta maravillas—;
sabe bien a qué altura creces, brillas,
quien con amor a diario te ha leído.

Corte con tu lección de cortesía,
tesoro de tu sol al mediodía,
y en los ocasos con tus oros viejos...

Madrid, no rompeolas, atalaya,
ciudad para vivir donde las haya
y evocación de un sueño si estás lejos.

(1) Del libro *Madrid: Historia. Arte. Vida. 1991.* Pág. 19.

ÍNDICE

VÍSPERA HACIA TI
(1940)

POESÍA 1940-1943
(1944)

SONETOS

Indice

RETABLO DEL ÁNGEL, EL HOMBRE Y LA PASTORA
(1945)

TOLEDO
(1945)

DEL CAMPO Y SOLEDAD
(1946)

EL HOMBRE

EL AMOR

LA AMISTAD

JUEGO DE LOS DOCE ESPEJOS
(1951)

TREGUA
(1951)

SONETOS POR MI HIJA
(1953)

LA RED
(1955)

EL PARQUE PEQUEÑO
(1959)

ELEGÍA EN COVALEDA
(1959)

GEOGRAFÍA ES AMOR
(1961)

NUEVO CUADERNO DEL GUADARRAMA

CORPUS CHRISTI Y SEIS SONETOS
(1962)

CIRCUNSTANCIA DE LA MUERTE
(1963)

LA HORA UNDÉCIMA
(1963)

MEMORIAS Y COMPROMISOS
(1966)

HABLANDO SOLO
(1968)

CINCO HOMENAJES A RUBÉN DARÍO

LOS SONETOS DEL HOMBRE QUE VUELVE LA CABEZA

FACULTAD DE VOLVER
(1970)

TALLER DE ARTE MENOR Y CINCUENTA SONETOS
(1973)

PASEN SIN LLAMAR

LOS HOMENAJES

EL ARRABAL
(1980)

NUEVO ELOGIO DE LA LENGUA ESPAÑOLA
(1983)

SONETOS ESPAÑOLES A BOLÍVAR
(1983)

PIEDRA Y CIELO DE ROMA
(1984)

GALIANA
(1986)

CARTA A LA MADRE
(1988)

MAR VIVIENTE
(1989)

SONETO A MADRID
(1991)